名师名校名校长

凝聚名师共识
固志名师关怀
打造名师品牌
培育名师群体

三新背景下
普通高中融创教学案例

梁广治 ◎ 主编

西南大学出版社
国家一级出版社 全国百佳图书出版单位

图书在版编目（CIP）数据

三新背景下普通高中融创教学案例 / 梁广治主编
. -- 重庆：西南大学出版社，2023.12
ISBN 978-7-5697-2197-3

Ⅰ．①三… Ⅱ．①梁… Ⅲ．①课堂教学－教案（教育）－高中 Ⅳ．①G632.421

中国国家版本馆CIP数据核字(2024)第025087号

三新背景下普通高中融创教学案例
SAN XIN BEIJING XIA PUTONG GAOZHONG RONGCHUANG JIAOXUE ANLI

梁广治　主编

责任编辑：	陈　郁
责任校对：	周万华
装帧设计：	言之凿
出版发行：	西南大学出版社（原西南师范大学出版社）
印　　刷：	北京政采印刷服务有限公司
成品尺寸：	170 mm×240 mm
印　　张：	13.75
字　　数：	243千字
版　　次：	2023年12月　第1版
印　　次：	2023年12月　第1次印刷
书　　号：	ISBN 978-7-5697-2197-3
定　　价：	58.00元

编委会

主　编：梁广治

编　委：区惠琴　吴新旭　张韶宏　彭文华
　　　　刘　胜　程　沙　张燕琳　邱　帅
　　　　谢晓辉　王毅博　罗兴礼　余雪萍

前 言

高质量的教育，离不开灵动鲜活的课堂。

以教育信息化推动教育高质量发展，以教育信息化引领教育现代化，按照"应用为王、服务至上、示范引领、安全运行"的工作要求和思路一体化推进建设与应用，这是教育信息化的目标与方向。

教育、科技、人才是全面建设社会主义现代化国家的基础性、战略性支撑。加快推进教育现代化，建设教育强国，并以此推进中国式现代化是教育的时代责任。在此背景下，"教育何为、教育何往"成为需要深入思考的重大课题。

在新课程、新教材、新高考背景下，如何打造富有生命力的高质量课堂？未来已来，信息技术赋能教育教学是大势所趋。利用信息技术支撑的教学平台，在先进教学理念的指导下，突破时空限制，融合线上和线下教学的优势，优化组合各种教学要素，实现教学的智能化、精准化和个性化，既发挥教师的设计和引导作用，又调动学生学习的自主性和积极性，可以达到最优教学效果。

为促进信息技术与学科教学完美融合，提升教学效率，优化教学成果，推进信息技术环境下深度课堂研究，结合端州区教师信息技术应用能力提升工程2.0培训工作的推进。2022年10月，广东省梁广治名校长工作室组织开展了"名师伴我行"融创课例展示活动。

本次课例展示，是基于核心素养和课程标准，根据教学内容、教学要求和学习对象的特点，采用技术融入、学段融通、学科融合和生活融贯等手段，充分利用教学环境和当前的教育技术，以发展学生学科核心素养为目的，实现思想创意和方法创新的课堂教学新样态的探索与实践。在活动中，我们精选了三所成员学校多位教师的课例汇编成书，目的是聚焦育人方式变革，改变以教师讲授为主的传授学科知识的教学形态，转向以学生为本、以学定教，让教学融入学生真实的生活场景，帮助学生完成真实的任务，并在此过程中发展学生的核心素养。

今日中国，教育强国建设迈出铿锵步伐，人民群众对教育有了更高期盼，教育事业发展对广大教师提出了更高要求。作为人民教师，肩膀一边挑着学生的未来，另一边挑着民族的未来，唯有与时俱进，躬耕不辍，坚守三尺讲台，潜心教书育人，才能守教育报国初心，担筑梦育人使命。

谨以此书与同行共研共勉。

编 者

2023年9月

目 录

百花篇

"探究《窦娥冤》《祝福》《雷雨》女性形象"教学设计 …………………… 2
"空间直线与平面平行的判定"教学设计 ………………………………… 6
"Choose a university major：Listening and Speaking"教学设计 ……… 17
"气体实验定律（Ⅰ）"教学设计 ………………………………………… 22
"苯"教学设计 ……………………………………………………………… 32
"基因指导蛋白质的合成"教学设计 ……………………………………… 37
"中国特色社会主义的创立、发展和完善"教学设计 …………………… 42
"亚非拉民族独立运动"教学设计 ………………………………………… 48
"农业区位及农业可持续发展：以柳州螺蛳粉为例"教学设计 ………… 56
"大气受热过程和大气运动"教学设计 …………………………………… 63
"饭堂就餐流程的优化设计"教学设计 …………………………………… 72
"苹果的作画步骤"教学设计 ……………………………………………… 78
"我的理想职业：多维职业探索之路"教学设计 ………………………… 83
"职业规划：助力梦想启航"教学设计 …………………………………… 88
"寻找火种，准备发光"教学设计 ………………………………………… 92

端州篇

"议论要有现实针对性"教学设计 ………………………………………… 98
"直线与平面垂直（第1课时）"教学设计 ……………………………… 105
"DNA的复制"教学设计 ………………………………………………… 114

"国际关系"教学设计 …………………………………………………… 124

"茶叶何以影响世界：近代以来的世界贸易与文化交流的扩展"教学设计 …… 129

"产业转移"教学设计 …………………………………………………… 139

"穿越千年的中华宝藏：编钟"教学设计 ………………………………… 143

"运动损伤的处理及预防"教学设计 ……………………………………… 150

砚都篇

"自由落体运动"教学设计 ………………………………………………… 164

"细胞膜的结构和功能"教学设计 ………………………………………… 176

"降低化学反应活化能的酶：酶的作用"教学设计 ……………………… 180

"古代的商业贸易"教学设计 ……………………………………………… 186

"资源跨区域调配"教学设计 ……………………………………………… 193

"心海生涯　筑梦起航"教学设计 ………………………………………… 199

"性格与职业"教学设计 …………………………………………………… 204

"理想职业"教学设计 ……………………………………………………… 209

百花篇

"探究《窦娥冤》《祝福》《雷雨》女性形象"教学设计

肇庆市百花中学　邱帅

课例类型：□多技术融合环境　　□智慧教育环境　　☑大单元模式
所属学科：语文　　　　　　　　使用教材：人教版高中语文必修下册
所属学段：高一　　　　　　　　教学时长：40分钟

【课例简介】

我此次的授课课例名称为"探究《窦娥冤》《祝福》《雷雨》"教学设计。我的教学对象是高中一年级学生，教学环境较为普通，无教学硬件支撑学生阅读、查找材料。整个设计就是多方整合资源，以期学生换个角度解析人物形象，从而对时代特征有更加深刻的理解。教学策略主要是以小组合作学习为主。通过能力点的专题学习，多技术融合渐渐被人们所接受和运用，经学习后，本人更新了教学模式，发挥教师在教学中的主导作用，保障学生的主体性，把合作交流、问题解决、实践创新能力三个能力提升作为教学效果实现的标志，最终实现信息技术与学科教学的深度融合。充分运用百度搜索引擎、视频网站、希沃白板、微信等多项信息技术。具体在课例中呈现出以下几个能力点：一是通过视频唤起学生的直观印象，快速引入本节课主题。引导学生根据视频说出女性死亡群像的规律，为内容任务做好铺垫。二是设计调查问卷，收集学生通过网络资源搜索到的学习资料。三是小组合作学习模式。合作交流——以小组为单位合作完成任务，根据四大任务，小组成员自行探究，再与小组成员进行讨论，形成小组学习模式，最后在课堂上展示。

【教材及教学内容分析】

针对必修下册教材，我虽选择大单元教学，但并不局限于第六单元，我也糅合了第二单元的文学作品，寻找一个共同点，探讨女性形象。过往学生对人物形象分析，大多停留在对作品个性特征的分析上，例如，"找出文中描写人物的文字，思考运用了什么方法，表现了人物什么性格特征"等这类问题的剖析。其实人物基本的描写方法，学生已经掌握，再去设置这样的问题，难度不是很大，探究等级不高。我在课堂中以四个问题为导向进行教学。第一是从人物名字看人物形象；第二是从人物价值看人物形象；第三是从家庭关系看人物形象；第四是从社会环境看人物形象。利用教材资料、媒体信息，让学生学会对文本进行阅读、比较和筛选信息，形成自己对问题独到的思考模式，这是首要的。把疑问带进课堂，教师组织学生进行有效讨论，文化争鸣，让学生加深对文本的理解，对人物形象的社会性、典型性的理解。通过这样的训练，逐步培养学生文学批评、鉴赏的能力。

【教学对象分析】

本活动选择的教学对象是高一学生，学生对小说学习兴趣较浓，但是阅读量少，对小说理解不够透彻，特别是对主题的探讨更是缺乏，仅仅局限于对小说情节的把握。学生对文本掌握度仅仅局限于文本的节选，特别是《窦娥冤》剧本的演出时，明显对人物形象分析不到位，因此，可以利用百度搜索和微信群建立资源库，让学生对三部作品全面阅读，把握情节和人物形象。根据学生学习风格，本次课堂设计了视频导入、导学案表格填写、主题探究和知识拓展等几方面的内容，将课堂内容与他们的生活相结合，有利于同学们加深对劳动人民的理解，同时，他们的表达能力也可以得到提升。

【教学目标分析】

语言建构与运用：了解、欣赏小说的基本方法，品味小说在形象、情节、语言等方面的独特魅力，欣赏小说不同的风格类型。

思维发展与提升：在人物与社会环境共生、互动的关系中认识人物性格的形成和发展的过程。

审美鉴赏与创造：领会作家对社会现实和人生世相的深刻洞察，拓宽视野，体会其对旧社会、丑恶事物的批判意识。

文化传承与理解：剖析人物悲剧命运的成因，深入探讨作品的主题，领会悲剧深刻的社会意义和强烈的感染力量，提升审美情趣和审美品位。

【教学重难点分析及解决措施】

重难点分析：剖析作品人物命运的成因，深入探讨作品的主题，提升文学作品审美品位。

解决措施：首先，前期利用百度搜索，收集关于三部作品的文本阅读；其次，利用学生熟悉的电影作品，剪辑成一个完整的女性死亡群像主题视频，加深学生印象；再次，利用导学案，小组进行合作学习，前期指导学生利用网络资源或者图书馆资源，查找相关资料；从次，利用拓展学习，帮助学生查找现当代女性的成就，进行系统对比；最后，利用调查问卷，收集学生的积累资料，通过PPT展示，整合学生调查到的资源。

【主要教学策略】

小组合作学习。

【技术工具、平台、资源】

视频剪辑、PPT制作、调查问卷数据形成、百度搜索、微信群资源库、希沃白板作业展示。

【技术支持的教学设计思路】

首先，在教学选题上，我选择了"从文学作品女性命运中看时代特征"这一主题，在百度搜索查找相关资料时，发现基本没有可参考的内容，把各个主题拆解，研读结束后，再统一糅合，形成了一个大单元教学。其次，在教学设计上，学生对人物形象的分析把握得很到位，关键是如何对三个女主角的形象共同点进行分析，特别是时代特点的分析。在教学设计上，利用导学案，小组学习的模式进行前期探究。以导学案的模式，进行前期探究，为了全面把握文本，指导学生，除了阅读课本的文章外，我也全读了作品。最后，多次检查导学案，引导学生从四方面查找材料，旨在全面把握人物形象从而理解时代特征。同时运用PPT课件，通过视频思考、小组合作学习、形象拓展、希沃白板小组成果展示等方式，让同学们对人物有更深刻的领悟。

【教学活动设计】

教学环节：导读—任务驱动—调查问卷—导入—成果展示—拓展延伸

教师活动：阅读指导—制作学案—调查问卷—视频制作—引导学生成果展示—引导深化

学生活动：自读文本—小组读文本—初识人物—合作了解人物—成果讲解—思考提升

技术、资源（含平台与工具）：微信、百度搜索、调查问卷、绘声绘影视频剪辑、图书馆借阅、希沃白板、手机登录实时上传

设计意图：①利用网络资源完成文本深入阅读；②任务驱动合作；③表达提升；④更深入地把握主题。

【板书设计】

标题：从文学作品女性命运中看时代特征——探究《窦娥冤》《祝福》《雷雨》女性形象。

① 从人物名字看女性形象。
② 从人物价值看女性形象。
③ 从家庭关系看女性形象。
④ 从社会环境看女性形象。

"空间直线与平面平行的判定"教学设计

肇庆市百花中学　刘梅

课例类型：☑多技术融合环境　　□智慧教育环境　　☑大单元模式
所属学科：数学　　　　　　　　使用教材：人教A版高中数学必修第二册
所属学段：高一　　　　　　　　教学时长：40分钟

【课例简介】

本课例采用大单元教学，结合现代化信息技术资源平台希沃白板、Flash、Math3D三维几何画板等软件辅助教学，动态演示较难且抽象的线面平行问题，加强学生的直观印象、激发学生的学习兴趣，锻炼学生的空间想象能力，提高教学效果。

【教材及教学内容分析】

从内容上看，本节课是在学习了空间点、线、面的位置关系之后，进一步研究直线与平面的位置关系。线面平行是初中线线平行的拓展，也是后续学习面面平行判定的基础。

从思想方法上讲，本节课所用到的"将空间的问题转化为平面内的问题"，为后续学习面面平行、线面垂直和面面垂直问题奠定了基础。因此，本节课起到了承上启下的作用。

【教学对象分析】

本节课是在学生已学习空间点、线、面的位置关系和直线与直线平行的基础上，结合有关的实物模型，通过直观感知、操作确认，引导学生归纳出直线与平面平行的判定定理。由于本节课的教学对象是高一音美班的学生，学生基础非常薄弱，所以本节课舍弃了判定定理的证明，以便腾出更多时间让学生熟练判定定理的运用。

由于学生处于学习空间立体几何的初始阶段，学习立体几何所具备的语言表达、空间感与空间想象能力不够。线面平行空间立体转化为线线平行平面的化归与转化思想，是学生首次接触的思想方法，所以本节课重点教授学生如何将线面平行问题转化为线线平行问题，尤其是如何通过做辅助线找线线平行，并和学生一起总结找线线平行的常用方法、做辅助线的技巧等。

【教学目标分析】

直观想象：通过直观感知、动手操作，猜想直线与平面平行的要素。

逻辑推理：在判定定理的发现和论证过程中提高学生运用图形语言和符号语言进行交流的能力，自主归纳总结出直线与平面平行的判定定理。

【教学重难点分析及解决措施】

教学重点：

1. 直线与平面平行的判定定理的形成过程。
2. 直线与平面平行的判定定理的理解。

教学难点：

1. 直线与平面平行的判定定理的应用。
2. 如何做辅助线找线线平行。
3. 确立依据：由于直线与平面平行的判定定理是立体几何中八个定理中的第一个定理，学生初次体会空间与平面的转换思想。

解决措施：

1. 教法分析：根据本节内容较抽象、学生不易理解的特点，本节教学采用启发式教学，辅以观察法、发现法、练习法、讲解法。通过一系列的问题层层递进的教学活动，引导学生进行主动的思考、归纳。借助多媒体辅助教学，帮助学生实现从具体到抽象、从特殊到一般的过渡，从而完成判定定理的学习。

2. 学法分析：通过对生活实例的观察，教会学生"观察—猜想—归纳"的学习方法，让学生进一步了解空间问题转化为平面问题的数学思想方法，在教学中培养学生的逻辑思维能力和空间想象能力。

【主要教学策略】

直观感知、动手操作、猜想归纳、实践应用。

【技术工具、平台、资源】

多媒体、希沃、Flash、Math3D三维几何画板。

【技术支持的教学设计思路】

由于高中数学概念比较抽象，尤其是空间立体几何问题，需要学生具备一定的空间想象能力，运用Flash动画展示生活中的线面平行实例，尤其运用Math3D三维几何画板展示绘制空间立体几何图形、做辅助线的动态过程，能使抽象难懂的数学问题形象化。另外，运用现代化信息技术能为学生创设出生动有趣的教学情景，提高学生的学习兴趣。

【教学活动设计】

（一）回顾旧知，奠定基础

位置关系	图形表示	符号表示	公共点
直线a在平面$α$内		$a \subset α$	有无数个公共点
直线a与平面$α$相交		$a \cap α = A$	有且只有一个公共点

续 表

位置关系	图形表示	符号表示	公共点
直线a与平面α平行	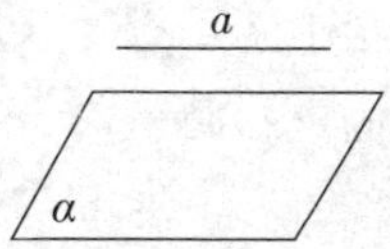	$a/\!/\alpha$	无公共点

教师活动：

提问：在日常生活中，哪些实例给我们以直线与平面平行的印象呢？

学生活动：

根据问题回想空间直线与平面位置关系及符号表示。

技术、资源（含平台与工具）： 希沃白板。

设计意图： 巩固上一课所学知识，建立起新旧知识之间的联系，通过提问复习，寻找知识的最近发展区，逐步引入课题，为本节课做好铺垫。

（二）创设情境，导入新课

实例感受：

工人们在施工时，是如何确保尖顶屋脊EF与平顶$ABCD$平行的呢？

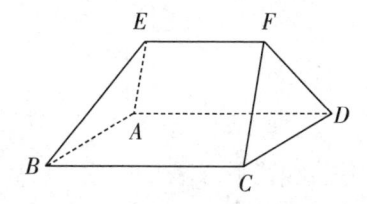

教师活动：

让学生通过实例感受：工人们在施工时，是如何确保尖顶屋脊EF与平顶$ABCD$平行的呢？

学生活动：

根据问题进行直观感知，进而提出合理猜想。

技术、资源（含平台与工具）： 希沃白板、Flash动画。

设计意图： 从生活中的常见实例出发，设置疑问，留下悬念，引出本节课要学习的新知——线面平行的判定。同时感知数学与生活的联系，激发学生学习新知的欲望。

（三）动手操作，探索新知

实践观察1：

在生活中，门扇的两边是平行的，当门扇绕着一边转动时，另一边与墙面有公共点吗？此时门扇转动的一边与墙面平行吗？

实践观察2：

将一本书平放在桌面上，翻动书的封面，封面边缘所在直线与桌面所在平面具有什么样的位置关系？

直线与平面平行的判定定理：

图形语言：

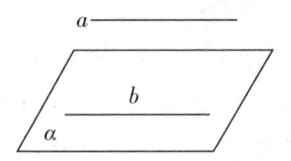

文字语言：如果平面外一条直线与此平面内一条直线平行，那么该直线与此平面平行。

符号表示：$\left.\begin{array}{l} a /\!/ b \\ a \not\subset \alpha \\ b \subset \alpha \end{array}\right\} \Rightarrow a /\!/ \alpha$

证明线面平行的关键是找线线平行。

复习回顾初中找线线平行的常用方法：

（1）三角形中位线定理：三角形的中位线平行于第三边，并且等于第三边的一半。

（2）平行线分线段成比例定理推论：如果一条直线截三角形的两边（或两边的延长线）所得的对应线段成比例，那么这条直线平行于三角形的第三边。

（3）平行四边形的性质：平行四边形的对应边平行、平行四边形的对角线互相平分。

（4）平行线的传递性。

教师活动：

让学生根据情境动手操作，亲身体验，直观感知直线与平面平行，并且猜想直线与平面平行的条件，促进学生空间想象能力、动手能力等多方面素质的整体发展，并引导学生归纳确认、概括出线面平行的判定定理。

学生活动：

（1）根据问题进行直观感知，进而提出合理猜想。

（2）逐步探索，仔细观察，认真思考，进而感知、猜想。

（3）学生明确定理内容，进而大胆表述，画图，并思考相应的符号表示。

技术、资源（含平台与工具）：希沃白板、Flash动画。

设计意图：遵循从直观到抽象的思维规律，通过各种手段和方法引领学生从直观感知的角度，从动手操作的切身体验感受线面平行与否的关键因素是什么；引导学生根据直观感知及已有经验，进行合理推理，获得正确的定理结论；思考的设置更有助于学生对判定定理三条件的把握。

（四）实践应用，典例精析

口答：如图，长方体的六个面都是矩形，则：

（1）与直线AB平行的平面是：_____。

（2）与直线AD平行的平面是：_____。

（3）与直线AA_1平行的平面是：_____。

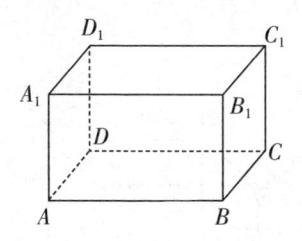

活动：直线与平面平行的判定定理的应用

例：空间四边形$ABCD$中，E、F分别为AB、AD的中点，

证明：直线EF∥平面BCD。

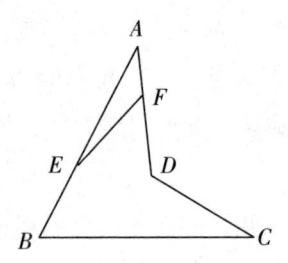

题后小结：本题运用三角形中位线定理找线线平行。

变式：如图，在空间四边形$ABCD$中，E、F分别为AB、AD上的点，若$AB=3AE$，$AD=3AF$，则EF与平面BCD的位置关系是_____。

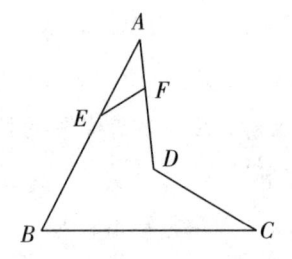

题后小结：本题运用平行线分线段成比例定理找线线平行。

实践训练1：

如图，在正方体$ABCD$-$A_1B_1C_1D_1$中，E为DD_1的中点，证明：BD_1//平面AEC。

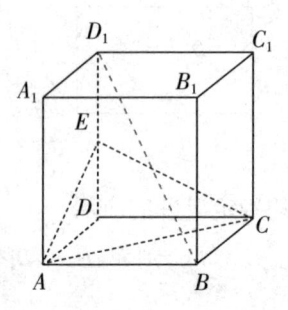

题后小结：本题运用三角形中位线定理找线线平行。

实践训练2：

如图，在四棱锥P-$ABCD$中，底面$ABCD$为平行四边形，M、N分别为AB、PC的中点，求证：$MN/\!/$平面PAD。

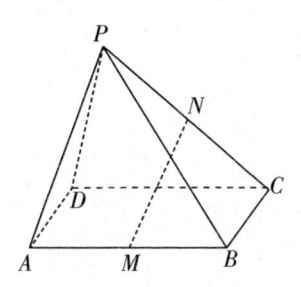

题后小结：本题运用平行四边形的对应边平行找线线平行。

教师活动：

教师引导学生先观察题型，分析解题思路，向学生渗透转化的思想，与学生共同整理解题方法与步骤。教师板演，以身示范，规范解题过程。

学生活动：

学生板演，同桌之间互查。

思考，小组展开讨论，思辨，汇总结果，小组成员展示。

技术、资源（含平台与工具）： 希沃白板、Math3D三维几何画板。

设计意图： 通过对例题的分析，教给学生运用定理的方法，不断提高学生运用知识的能力；通过问题探究、讨论、思辨，及时巩固定理，运用定理，培养学生的识图能力与逻辑推理能力。

（五）归纳总结，反思提升

1. 如何证明线面平行？

（1）运用定义。

（2）运用判定定理：线线平行→线面平行。

2. 应用判定定理判定线面平行时应注意六个字：

（1）平行。

（2）面外。

（3）面内。

3. 应用判定定理判定线面平行的关键是找平行线。

方法一：三角形的中位线定理。

方法二：平行线分线段成比例定理。

方法三：平行四边形的对应边平行。

方法四：平行线的传递性。

4. 找线线平行做辅助线常用方法：

（1）构造中位线。

（2）构造平行四边形。

教师活动：

从数学知识、数学思想和学习的启示三个层面以问题的形式让学生进行课堂小结，提高学生的思维能力和概括能力。

学生活动：

总结，回答，全体同学齐读。

技术、资源（含平台与工具）： 希沃白板。

设计意图： 由学生自己总结，体现课堂上学生自主学习的主体地位，有利于学生对本节课的学习从感性上升到理性，更利于后续学习中知识的迁移。

（六）布置作业，课后拓展

A层作业：《课堂检测》

1. 以下能判断直线a与平面α平行的是（　　）。

    A. 直线a与平面α内的一条直线平行

    B. 直线a与平面α内的两条直线不相交

    C. 直线a与平面α内的任意一条直线都不相交

    D. 直线a与平面α内的无数条直线平行

2. 如果两直线$a//b$，且$a//\alpha$，则b与α的位置关系是（　　）。

    A. 相交　　　　　　　　　B. $b//\alpha$

    C. $b \subset \alpha$　　　　　　　　　D. $b//\alpha$或$b \subset \alpha$

3. 如图，在正方体$ABCD\text{-}A_1B_1C_1D_1$中，E、F、G分别是BC、CC_1、BB_1的中点，求证：$EF//$平面AD_1G。

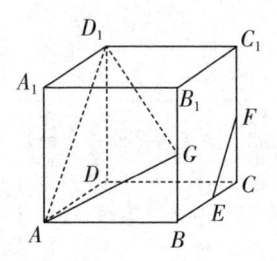

4. 如图，在三棱柱ABC-$A_1B_1C_1$中，M、N分别是BC和A_1B_1的中点，求证：$MN//$平面AA_1C_1C。

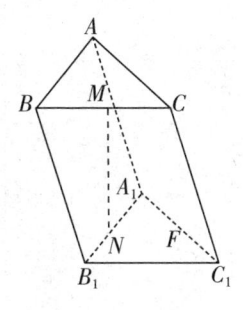

B层作业：《全优课堂》P110例2。
教师活动：
教师根据班级实际情况布置不同层次的作业。
学生活动。
学生练习。
技术、资源（含平台与工具）：希沃白板。
设计意图：作业分层充分体现了作业的巩固性和发展性原则，使不同层次的学生都可以获得成功的喜悦；B层作业有利于开阔学生的数学视野，提高实践能力。

【板书设计】

```
                    8.5.2  直线与平面平行的判定
一、线面平行的判定定理              |  二、例题讲解
（1）文字语言：平面外一条直线与此平面内一条  |  例1 证明：详解过程
直线平行，则该直线与此平面平行。      |
（2）图形语言。                    |
                                   |
           a ————————              |
         ┌─────────┐               |
        /    b ———  /              |
       / α        /                |  例2 证明：详解过程
      └─────────┘                  |
                                   |
（3）符号语言。                    |
                                   |
         a // b  ⎫                 |
         a ⊄ α   ⎬ ⟹ a // α       |
         b ⊂ α   ⎭                 |
```

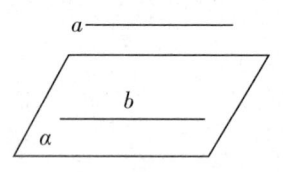

设计意图：板书展示教材中的重要知识点，体现课堂进程，这样设计条理清楚，有利于学生对知识的全面掌握。

"Choose a university major: Listening and Speaking" 教学设计

肇庆市百花中学　周怡

课例类型：☑多技术融合环境	□智慧教育环境　☑大单元模式
所属学科：英语	使用教材：人教版高中英语选择性必修第四册
所属学段：高二	教学时长：40分21秒

【课例简介】

课例名称：Choose a university major：Listening and Speaking。

教学对象：高二（7）班英语生。

教学环境：录播室，教学设备及教学工具配备齐全。

教学设计理念：根据新课程标准以及英语学科核心素养对学生听说能力的培养要求，并作为信息技术2.0教学培训的课例展示，本节课设计了视频导入、图片巩固目标词汇、希沃白板展示英语提问的书写、嵌入音频进行听力及速记训练、利用高清投影仪进行笔记展示、运用班级优化大师收集学生前期调研作业以及在社交网络平台展示学生口语输出作品的教学环节。

教学策略：任务型教学法、小组合作教学法、多媒体融合技术教学法。

实施效果及推广应用情况：本节课实操性强，各教学环节之间过渡流畅，每个教学环节中学生的参与度都较高，多种信息技术工具的运用都落到实处。本节课受到听课评委组的普遍肯定，并有若干科组借鉴本节课的教学设计，本节课达到较好的推广应用效果。

【教材及教学内容分析】

本节课选自高中英语第五单元听说部分，主题是大单元教学"职业生涯规划"中的第三个环节"选择大学专业"，通过听说活动的训练，学生应对选择大学专业有更深一层的了解，这对高二的学生来说是非常重要的，因为一年后，他们就要自己做出选择了。

【教学对象分析】

本节课的教学对象是高二（7）班的英语生，作为理科快班的学生，他们的认知能力以及认知结构比其他班的学生好，但还是有较大的缺陷；他们经过前面单元的学习，已经积累了部分所需要的词汇，但总的来说他们依然严重缺乏词汇量；此外，他们的听力、速记以及口语输出能力也较低；该班学生的学习态度较好、学习动机也较充足，他们的学习风格属于行动型；该班学生拥有较好的学习环境及条件。

本节课教学对象分析所使用的方法是观察法及问卷法，所使用的工具是问卷星。

【教学目标分析】

知识与技能：

1. 帮助学生训练听说考试技巧。

2. 引导学生表达大学专业选择的观点。

过程与方法：

1. 通过多技术融合的手段与环境，提高学生的学习兴趣与主动性。

2. 通过小组合作与竞争的方式激发学生的学习互补性与潜能。

情感态度与价值观：

引导学生提高规划职业生涯的意识。

【教学重难点分析及解决措施】

本节课教学重点：

1. 帮助学生训练听说考试技巧。

2. 引导学生提高规划职业生涯的意识。

解决教学重点的策略： 视频导入、图片巩固目标词汇、希沃白板展示英语提问的书写、嵌入音频进行听力及速记训练、利用高清投影仪进行笔记展示。

本节课教学难点： 引导学生表达关于大学专业选择的观点。

解决教学难点的策略： 课前引导学生运用百度搜索引擎进行喜爱的大学专业搜索，并把搜索到的视频、图片、文字资料上传到班级优化大师的作业收集里；课中为学生口语输出搭建脚手架；课后鼓励学生上传自己本节课的口语输出作品到社交网络平台集赞或利用问卷星进行投票。

【主要教学策略】

任务型教学法、小组合作教学法、多媒体融合技术教学法。

【技术工具、平台、资源】

百度搜索引擎、bilibili网站、千图网、希沃白板、countdown2.0计时器、班级优化大师网络版、微信视频号、微博、抖音、问卷星投票。

【技术支持的教学设计思路】

作为信息技术2.0教学培训的课例展示，本节课设计了bilibili视频导入、千图网搜索图片以巩固目标词汇、希沃白板展示英语提问的书写、嵌入音频进行听力及速记训练、利用高清投影仪以及计时器进行笔记展示、运用班级优化大师收集学生前期运用百度搜索引擎进行调研的作业成果以及在社交网络平台展示学生口语输出作品的教学环节。

【教学活动设计】

教学环节：

热身—听前活动—听力活动—笔记呈现—练习—口语输出—作业呈现

教师活动：

1. 播放bilibili视频；展示若干新兴大学专业的相关图片。

2. 呈现3个中文问题。

3. 播放音频。

4. 给学生2分钟时间整理笔记并与小组成员互补笔记。

5. 呈现5个英文问题，并给学生2分钟进行小组讨论，引导学生根据笔记找出5个问题的答案。

6. 呈现观点表述的若干句型，并引导学生进行小组讨论以罗列观点及理由，为口语输出做好准备。

7. 呈现作业，并播放一位学生课前录好的示范视频，引导学生课后完成作业。

学生活动：

1. 观看视频并回答问题；根据图片说出专业（英文）。

2. 把3个中文问题翻译成英文。

3. 听一段关于大学专业选择的对话，并做笔记。

4. 整理笔记并与小组成员互补笔记。其中2位同学上台展示笔记。

5. 与小组成员讨论并根据笔记找出5个问题的答案。

6. 与小组成员讨论，利用老师呈现的句型罗列自己选择大学专业的观点及理由，其中2位同学上台呈现口语输出。

7. 参考老师播放的示范视频，在家录下自己用英文阐述选择大学专业的观点及理由的视频，并把视频上传到各大社交平台集赞或利用问卷星为自己的视频收集投票。

【技术、资源（含平台与工具）】

1. 百度搜索引擎、bilibili网站、千图网。

2. 希沃白板、计时器。

3. 嵌入听力音频。

4. 计时器、高清投影仪。

5. 班级优化大师。

6. 微信视频号、微博、抖音、问卷星投票。

设计意图：

（1）通过bilibili视频唤起学生的直观印象，快速导入本节课主题；引导学生根据图片说出相关词汇，为听力任务做好铺垫。

（2）训练高考听说考试中的提问翻译技巧。

（3）训练高考听说考试中的听力及速记技巧。

（4）面向全体同学呈现并解释笔记既可以让学生核对及更正答案，也可以加强他们对听力内容的理解。

（5）把书本中的练习题改编为问答题，训练高考听说考试中作答的技巧。

（6）引导学生利用所学知识进行口语表述，表达自己关于大学专业选择的观点。

（7）鼓励学生利用社交平台展示自己的口语输出。

【板书设计】

选B4 U5 Launching Your Career
—Listening and speaking

Listening important points：

Where： A conversation between three students in China，UK，USA

Who：
Liu Ming，Susan and Olivia

What：
Choosing a university major

1. Requirements of entering a university.

2. The chosen majors of Liu Ming，Susan and Olivia.

3. The reasons for their choices.

"气体实验定律（Ⅰ）"教学设计

肇庆市百花中学　刘东梅

课例类型：☑多技术融合环境　□智慧教育环境　□大单元模式
所属学科：物理　　　　　　　使用教材：粤教版高中物理选择性必修第三册
所属学段：高二　　　　　　　教学时长：40分钟

【课例简介】

课例名称：气体实验定律（Ⅰ）。

教学对象：高二年级学生。

教学设计理念：结合现代信息技术，培养学科核心素养，经历科学探究的过程，掌握实验数据的分析方法和提高科学思维能力，解决生活实际问题，实现STSE教育。

教学策略：联系生活、借助PLAB软件和数据采集器、课件及投影功能等开展情境教学。

实施效果及推广应用情况：通过游戏体验，提高学生兴趣，借助PLAB软件和数据采集器进行实验探究，提高学生探究和归纳能力，结合生活情境，提高学生利用物理知识求解相关问题的能力。

【教材及教学内容分析】

本节内容通过实验探究等温条件下，气体压强与体积的关系，得出玻意耳定律。再分析其图像——等温线，从中分析气体状态变化的情况。结合生活实例解决相关问题。

【教学对象分析】

本节课的教学对象是高中二年级的学生，他们有一定的物理思维，具备一定的探究能力意识，掌握用传感器和数据采集器进行实验的基本方式，但是基础知识不够扎实。

学生在初中接触过液体和固体的压强影响因素，但缺乏对气体压强的认识和定量的分析以及应用所学知识求解实际问题的能力，仍需加强借助Excel建立图像分析问题的科学思维能力。

【教学目标分析】

1. 物理观念：理解玻意耳定律的内容、公式和等温线。
2. 科学思维：通过实验对数据进行作图分析，得出玻意耳定律。
3. 科学探究：经历实验探究、数据处理分析和交流理解玻意耳定律。
4. 科学态度与责任：培养实事求是的科学态度和民族自豪感、责任感。

【教学重难点分析及解决措施】

1. 教学重点：探究和理解气体等温变化的规律。
2. 教学难点：会用玻意耳定律解决气体等温变化问题。
3. 解决教学重难点的策略、方法及技术工具：利用传感器和数据采集器，结合投影分屏进行实验演示；Excel处理数据及画笔做辅助线掌握分析图像的方法；播放图片、视频等联系生活实际解决问题。

【主要教学策略】

技术支持的情境教学，技术支持的方法指导。

【技术工具、平台、资源】

PPT、PLAB软件和数据采集器、Excel、投影仪、电脑画笔工具、百度资源。

【技术支持的教学设计思路】

1. 插入静态、动态图及视频：可以刺激学生的视角，接近生活，创设情境，使课堂气氛生动活跃，充分调动学生学习的积极性，发挥学生的主体作用。

2. 投影仪的使用：通过投影仪的使用，方便学生观察真实的实验数据，并评价学生的练习情况，促进学生参与探究的过程和培养学生实事求是的科学态度，有助于检验学生方法掌握的情况。

3. PLAB软件和数据采集器的使用：利用传感器和数据采集器进行实验演示，能快速、准确地获取数据，学生也能感受到现代科技的进步。

4. 分屏的使用：将屏幕分屏展示，可以达到统筹观察的效果。本节课将投影屏幕、Excel、键盘同时展现，方便学生一边观察数据，一边输入和完成数据表格，体现实验的真实性。

5. Excel处理数据：利用Excel进行数据的记录和处理，有助于学生掌握利用图像分析数据的方法，以便从图像归纳实验的结论，有助于突破实验的重点。

6. 电脑自带画笔工具：帮助教师作图和在屏幕上板书，有利于学习方法的指导，突破学习难点。

【教学活动设计】

（一）情境引入

教师活动：（提出问题）气球踩破的原因。

学生活动：踩气球游戏→猜想：气体体积小，压强大。

技术、资源（含平台与工具）：PPT展示及气球。

设计意图：吸引学生兴趣，创设情境。

（二）实验探究

教师活动：

1. 介绍实验仪器：注射器、压强传感器、数据采集器等。

2. 介绍实验方案。

3. 调节分屏。

4. 记录数据。

5. 利用Excel进行数据处理，建立图像。

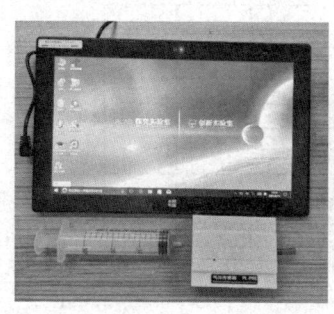

学生活动：

1. 协助老师完成实验

首先，在注射器内注入一定质量的气体；其次，连接电路，控制该气体的温度不变；再次，缓慢改变活塞位置，待压强计示数稳定时记录对应的压强P和体积V的数据；最后，多次重复以上步骤。

2. 观察。

3. 实验过程及记录数据。

次数	1	2	3	4	5
压强（Pa）					
体积（mL）					
1/体积（mL^{-1}）					

4. 观察数据分析图像，得出结论。

当温度不变时，在误差允许范围内，气体的压强P和体积V成反比。

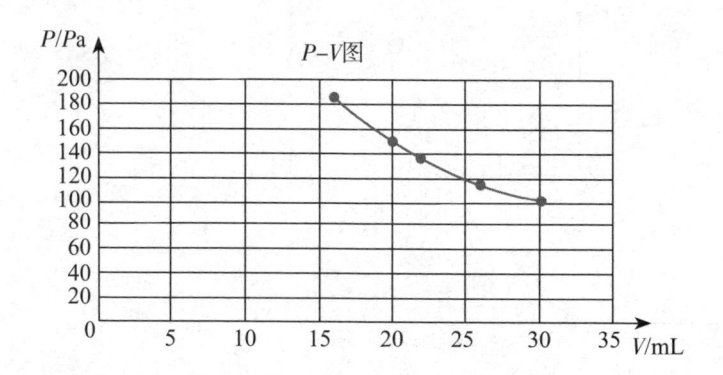

25

$P-\dfrac{1}{V}$图

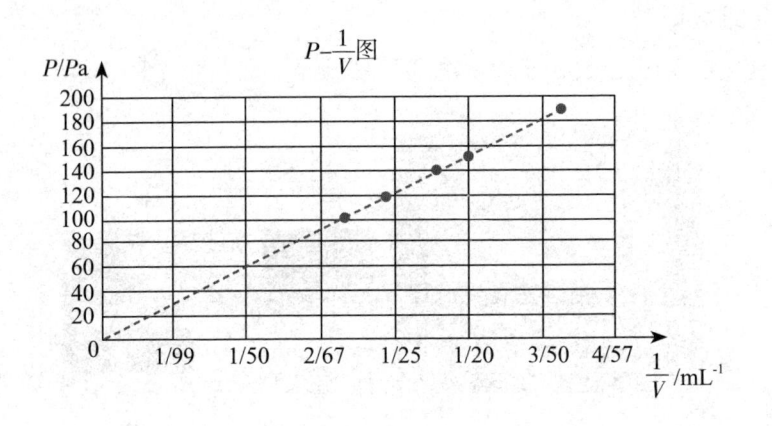

技术、资源（含平台与工具）：

1. 压强传感器、PLAB软件和数据采集器进行实验演示。

2. 投影仪、使用分屏（将投影屏幕、Excel表格、键盘同时展现）。

3. 用Excel进行实验数据记录。

设计意图： 投影仪的使用，方便学生观察真实的实验数据促进学生参与探究的过程和培养学生实事求是的科学态度，利用Excel进行数据的记录和处理，有助于学生掌握利用图像分析数据的方法，以便从图像归纳实验的结论。

（三）玻意耳定律

教师活动：

1. 内容：一定质量某种气体，在温度不变的情况下，其压强与体积成反比。

2. 表达式：$p_1V_1=p_2V_2$。

3. 适用条件：一定质量的气体、温度不变且不太低、压强不太大。

4. 图像展示。

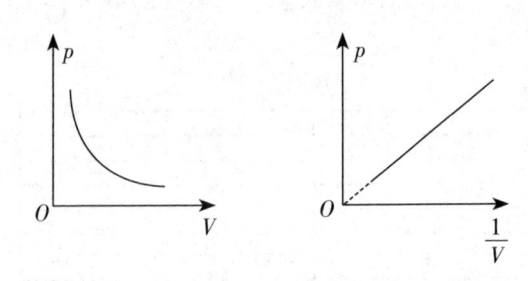

学生活动：

1. 学生齐读内容。

2. 书写表达式。

3. 做笔记，画图像。

4. 解释气球爆炸的原因。

技术、资源（含平台与工具）：

PPT展示。

设计意图： 学生通过读、写的方式基本掌握本节重点内容，并解释问题，做到前后呼应。

（四）等温图像

教师活动：

1. 设置讨论与交流。

2. 方法指导：借用电脑画笔功能，在课件上做辅助线观察。

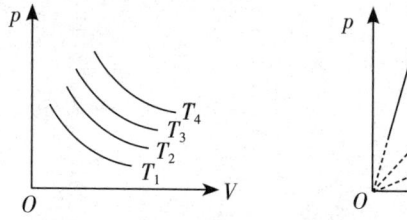

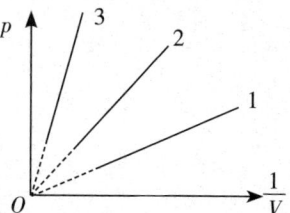

3. 迁移应用。

练习1：（多选）如图所示，$D{\to}A{\to}B{\to}C$表示一定质量的某种气体状态变化的一个过程，则下列说法不正确的是（　　）。

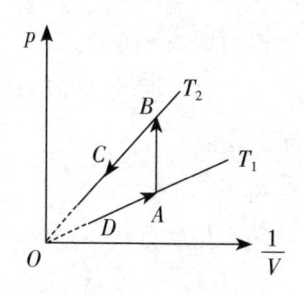

27

A. $D→A$是一个等温过程

B. $A→B$是一个等温过程

C. A与B的状态参量相同

D. $B→C$体积减小，压强减小，温度不变

练习2：（单选）如图所示，虚线为某一等温线，A和B均在该等温线上。一定质量的气体状态变化如图实线所示，则气体由状态A变到状态B的过程中，温度（　　）。

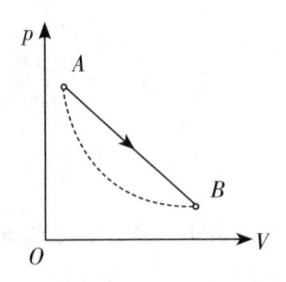

A. 一直下降

B. 先上升后下降

C. 先下降后上升

D. 保持不变

学生活动：

1. 讨论与交流：比较图像中等温线的温度高低。

2. 归纳：

图中等温线离坐标轴越远，温度越高。（$T_4>T_3>T_2>T_1$）

图中斜率越大，气体的温度越高。（$T_3>T_2>T_1$）

3. 习题：讨论与交流，上讲台讲解和总结。

4. 思考方法：做出多条等温线，等温线离坐标轴越远，温度越高。

技术、资源（含平台与工具）：

1. 课件插入动态讨论与交流图。

2. 电脑自带画笔功能，在图中做辅助线，观察状态特点。

3. PPT展示方法的归纳。

设计意图：

1. 激发学生讨论的热情。

2. 做辅助线后，学生能够明显从图中得出V一定，P大，T大，从而掌握分析图像的方法。

3. 有助于学生明晰和掌握解题方法，方便做笔记。

（五）应用1：宇航服情境题

教师活动：

1. 情境：神舟载人飞船升空（播放视频及相关图片）。

练习3：为适应太空环境，去太空旅行的航天员都要穿航天服。航天服有一套生命系统，为航天员提供合适的温度、氧气和气压，让航天员在太空中如同在地面上一样。假如在地面上航天服内气压为$1.0×10^5$ Pa，气体体积为2 L，到达太空后由于外部气压低，航天服急剧膨胀，内部气体体积变为4 L，使航天服达到最大体积。若航天服内气体的温度不变，将航天服视为封闭系统。求此时航天服内的气体压强。

2. 点评学生成果、规范解题格式。

3. 变式：若给宇航服充气，应该充多少满足条件。引导学生课后思考。

学生活动：

1. 思考和回答：舱外宇航服是要增压还是要减压？

2. 思考和独立完成、展示。

3. 总结解题方法和解答格式。

解：对航天服内的气体进行研究

初状态：$P_1=1.0×10^5$ Pa，$V_1=2$ L

末状态：$P_2=?$，$V_2=4$ L

由玻意耳定律：$p_1V_1=p_2V_2$，

解得：$P_2=5.0×10^4$ Pa

4. 学生疑惑并课后解决。

技术、资源（含平台与工具）：

1. 百度搜索神舟载人飞船升空视频及相关图片，在PPT课件中插入视频及图片。

2. 利用投影仪展示学生的成果。

设计意图：

1. 刺激学生的视角，缓解学生的疲惫，激发兴趣，培养学生的民族自豪感，以及利用所学知识解释科技问题的能力。

2. 投影仪展示学生成果，能够及时反馈学生的完成情况，指出学生问题，形成解题思路。

（六）应用2：自行车胎充气

教师活动：

展示动态图：给自行车胎充气。

学生活动：

学生解释充气过程费力原因。

技术、资源（含平台与工具）：

PPT课件插入动态图。

设计意图： 情境贴近生活，提高学生应用所学知识解答生活问题的能力。

（七）小结

教师活动：

1. 结合板书回顾本节知识。

2. 布置作业。

学生活动：

1. 学生观看板书，厘清思路。

2. 思考充气问题和活塞式抽水机工作原理。

技术、资源（含平台与工具）：

展示活塞式抽水机图片。

设计意图： 回归生活。

【板书设计】

2.1 气体实验定律（Ⅰ）

一、实验探究

结论：一定质量的气体，在温度不变的情况下，其压强与体积成反比。

二、玻意耳定律

1. 内容。

2. 表达式：$p_1V_1=p_2V_2$。

3. 适用条件：一定质量的气体、温度不变且不太低、压强不太大。

三、等温图像

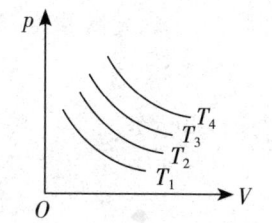

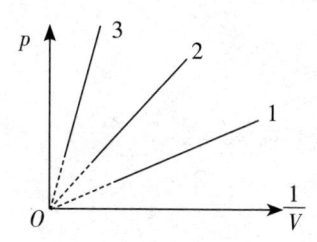

"苯"教学设计

肇庆市百花中学 谭奕梅

课例类型：☑多技术融合环境　□智慧教育环境　□大单元模式

所属学科：化学

使用教材：人教版高中化学选择性必修3

所属学段：高二

教学时长：40分钟

【课例简介】

1. 课例名称：苯。

2. 教学对象：高二年级学生。

3. 学情分析：学生对化学实验和有机物的性质比较感兴趣，具有一定的物质结构与有机物官能团决定性质的核心观念，同时也具有一定的实验探究能力和证据推理能力，但知识的迁移应用能力不强。

4. 教学设计理念：基于2.0信息技术的核心素养课堂教学。

5. 教学策略：

（1）情境导学。从苯的发现历程出发，激发学生学习兴趣。

（2）任务促学。苯的性质预测及探究，促进学生在探究中建构结构与性质间的联系（多媒体视频）；苯性质与烃类物质性质的对比，强化学生分类学习的思想（UMU线上交互平台进行讨论）。

（3）习题测学，评价诊学：通过课堂环节中的师生评价、生生评价，以及课堂练习检测等来检测学生对知识的掌握情况（班级优化大师点名、UMU线上交互平台完成问卷）。

（4）学案促学：通过学案培养学生提前预习、自主学习的能力（希沃助手投屏学案）。

6. 实施效果：恰当使用信息技术能够让课堂更有趣、更生动、有高效。利用希沃计时功能，有利于课堂的时间掌控，有利于学生限时思考、限时训练。利用班级优化大师点名功能，使得学生发言更有公平性和随机性，令学生更加专注地参与到课堂中。UMU则能够实现课堂问题讨论、习题训练的即时反馈和交互，还能比较好地保留上课的流程和开展情况，有利于学生课后复习回顾。但是第一次用，师生的操作都不太熟练，拖延了点时间，需要设备和网速的配合。而不足之处就是学生上传的图片在大屏幕上只能展示小图，而不能放大，适合网上的交互而不适合投屏展示。所以投屏展示还是比较推荐希沃助手。

【教材及教学内容分析】

本节内容的功能价值（素养功能）：能结合苯的结构特点，分析和推断苯的化学性质，培养学生类比迁移的能力。

新教材强调学生了解有机化合物分子结构常用的测定方法，因此，在教学过程中应适当引入该部分内容，加深学生的印象。

【教学对象分析】

学生已有知识、能力：烷烃、烯烃、炔烃的物理性质和化学性质，初步了解取代反应和加成反应。

学生的类比迁移能力还有待加强。特殊情况的应变能力不足，如苯环结构的特殊性导致其发生取代反应和加成反应时的差异。认识有机物的基本思路和方法（基于结构分析、预测、总结归纳物质性质）有待加强。

分析工具：学生的课前预习学案检测（UMU问卷调查）。

【教学目标分析】

1. 认识苯的结构特点，了解苯的主要物理性质。
2. 通过分子结构特点的类比迁移，预测苯的主要性质；能够设计实验进行验证。

3. 通过对比其他烃类的结构和性质，认识苯环中的大π键。

【教学重难点分析及解决措施】

重点：结合分子结构特点，运用类比迁移的方法预测苯的主要性质。

难点：苯环中的大π键对性质的影响。

【主要教学策略】

情境导学、任务促学、习题测学、评价诊学、学案促学。

【技术工具、平台、资源】

多媒体视频、UMU线上交互平台、班级优化大师、希沃助手。

【技术支持的教学设计思路】

1. 课堂导入：百度搜索。

2. 课堂讲授：视频，UMU线上交互平台展示讨论交流，班级优化大师点名学生发言，希沃平台计时限时讨论、限时训练。

3. 课堂评价：UMU问卷完成习题，即时评价，及时反馈。

【教学活动设计】

教学环节一：课程引入——科学前沿

教师活动：从"科学前沿"柔性皮肤材料"并五苯"引入苯环结构。

学生活动：阅读材料，感受科学的魅力。

技术、资源（含平台与工具）：百度搜索、PPT。

设计意图：通过科学前沿，感受科学的魅力。

教学环节二：新课讲授——苯的微观结构、苯的性质

教师活动1：带领学生对苯的发现历史进行回顾。

学生活动1：引入今天课程的主题——苯。

技术、资源（含平台与工具）：无。

设计意图：激发学生的课堂兴趣。

教师活动2：介绍凯库勒对苯结构的假说与修正，并从现代物理分析结果引

入苯的结构，实验验证。

学生活动2：阅读"科学史话"栏目，找到苯结构的理论依据，实验验证，并体会科学家的钻研精神。

技术、资源（含平台与工具）：无。

设计意图：通过化学史，体会科学家的钻研精神。

教师活动3：播放苯结构视频加强学生对苯结构的理解。介绍苯环的表示方式：凯库勒式与鲍林式。

学生活动3：学习苯的微观结构，并从中体会科学的发展历程。

技术、资源（含平台与工具）：视频。

设计意图：通过微观探析，体会科学的发展历程。

教师活动4：从苯的结构出发，对比烷烃和烯烃，提问学生苯可能具有哪些性质？

学生活动4：回顾所学知识，分析烷烃、烯烃的化学键、特征反应、断键位置，从而预测苯的性质：取代、加成。

技术、资源（含平台与工具）：UMU线上交互平台讨论展示、希沃平台计时限时讨论。

设计意图：通过对性质的预测，体现"结构决定性质"的学科核心思想，提高学生的知识类比、迁移能力。

教师活动5：提出问题：我们先来归纳一下苯的物理性质。

学生活动5：学生根据以上实验现象和书本思考并归纳总结苯的物理性质。

技术、资源（含平台与工具）：班级优化大师点名。

设计意图：培养学生对化学性质的描述能力。

教师活动6：化学性质：类比甲烷苯也能与卤素单质发生取代反应；介绍苯和溴单质的反应。

提问：如何验证苯和溴的反应是取代而非加成呢？介绍苯和浓硝酸的反应。

学生活动6：学习苯的取代反应，并设计实验方案验证。理解苯大π键的稳定性和与甲烷取代反应的差异。

技术、资源（含平台与工具）：UMU线上交互平台讨论展示、希沃平台计时限时讨论。

设计意图：培养学生自主设计实验，并验证预测的能力。

教师活动7：提问：苯的大π键是否能断裂呢？介绍苯的加成反应：苯和氢气的加成。

学生活动7：学习苯的加成反应，对比烯烃加成反应的差异，再次深入理解大π键。

技术、资源（含平台与工具）：无。

设计意图：培养学生的对比迁移能力，并深化"结构决定性质"的核心思想。

教师活动8：介绍苯的氧化反应：不能与高锰酸钾反应。类比其他烃，可燃烧。展示不同烃燃烧的现象。

提问：现象不同的原因。

学生活动8：学生思考，回答黑烟与含碳量高有关。

技术、资源（含平台与工具）：班级优化大师点名。

设计意图：培养学生对现象的观察、纠错及分析能力。

教学环节三：课程总结

教师活动：总结苯的结构及物理、性质。

学生活动：深化苯的结构对性质的影响。

技术、资源（含平台与工具）：UMU线上交互平台问卷训练。

设计意图：课堂评价。

【板书设计】

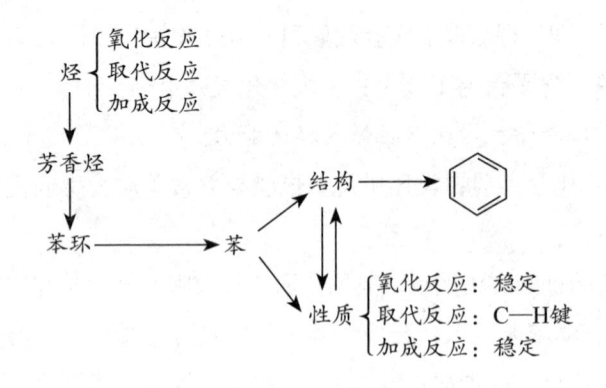

```
       ┌ 氧化反应
烃 ────┤ 取代反应
       └ 加成反应
   │
   ▼
 芳香烃
   │
   ▼
                      ┌ 结构 ──→ ⌬
 苯环 ──────→ 苯 ──→ ⇅
                      │          ┌ 氧化反应：稳定
                      └ 性质 ────┤ 取代反应：C—H键
                                 └ 加成反应：稳定
```

"基因指导蛋白质的合成"教学设计

肇庆市百花中学 郝羽

课例类型：☑多技术融合环境　　□智慧教育环境　　☑大单元模式
所属学科：生物　　　　　　　　使用教材：人教版高中生物学必修2
所属学段：高一　　　　　　　　教学时长：40分钟

【课例简介】

"基因指导蛋白质的合成"是既重要又抽象的一节内容。学生相对基础知识薄弱，教学时间有限，所以将转录和翻译过程融合为一节课，让学生初步掌握基因表达的大概过程后，再去突破其中的一些细节。

本节课的重点是让学生说出"转录和翻译的过程"，通过问卷星了解学生的预习情况，再根据数据反馈情况有针对地进行课堂教学。在课堂教学环节中，先播放视频，让学生直观地了解转录和翻译过程，再小组合作探究预习过程中没有解决的问题，同时，利用物理模型来模拟上述过程。最后习题巩固所学内容，以思维导图总结本节课的内容。

在课堂上，学生积极讨论，模拟转录和翻译过程，学生参与度高，通过模拟演示具体过程，直观理解教学重点和难点，学生习题正确率较高。

【教材及教学内容分析】

人教版高中生物必修2是高中生物课程中的难点，内容抽象，难懂，对学生来讲难度很大。"基因指导蛋白质的合成"是该册书中的重点，也是学生理解该册书的理论基础，其包括两个重要过程：转录和翻译，在教材中利用图画和文字的形式描述了两个过程，但翻译过程复杂，学生根据已有经验很难理解，所以需要教师采用多种教学手段和素材帮助学生理解翻译过程。

【教学对象分析】

高一（1）班是年级中平均成绩中等的班级，班级里有不到一半的同学选择生物学科，学生已经学过DNA和RNA的分子结构，有一定的理论基础。学生喜欢观看视频和小组讨论等方式来学习内容，也比较喜欢讲解题目，针对以上情况，采用小组合作学习，借助多媒体视频和投影提高学生学习热情。

【教学目标分析】

本节课的知识目标：概述遗传信息的转录和翻译过程。要求学生能够通过学习理解转录和翻译的大致过程，并说出上述过程中所在的场所和所需要的条件。

核心素养目标如下。

生命观念	说明基因与遗传信息的关系；阐明DNA分子通过转录和翻译等过程表达遗传信息
理性思维	通过遗传信息的传递与表达的学习，建立信息意识，学会从信息角度认识事物
科学探究	通过转录和翻译过程的对照，掌握类比方法及读图能力
社会责任	体验基因表达过程的和谐美，基因表达原理的逻辑美、简约美；激发学生探知未知世界的欲望

【教学重难点分析及解决措施】

本节课的重难点是转录和翻译的过程。

1. 通过问卷星调查学生预习转录和翻译过程的情况。
2. 播放转录和翻译过程的视频，帮助学生理解。
3. 小组合作学习，探讨该过程中的场所和条件。

4.通过物理模型模拟转录和翻译的过程，学生通过投影仪展示该过程。

5.通过选择题检测学生的学习情况。

6.思维导图总结相关知识。

【主要教学策略】

小组合作学习、多媒体互动教学。

【技术工具、平台、资源】

A1：问卷星。

A7：思维导图。

G3：视频、物理模型、视频展台投影。

【技术支持的教学设计思路】

问卷星作为课前预习的调查工具，可以使教师更快速地了解学生的预习情况，开展更有针对性的课堂教学。

多媒体中多彩的图像、动态的影像和丰富多彩的声音，可以使创设的情境更加逼真、更接近生活。转基因小鼠的情境导入，使课堂气氛生动活跃，充分调动学生学习的积极性和主动性。

投影仪的使用在操作活动中发挥了主要作用，由于操作环节学生的物理模型较小，无法贴到黑板上展示。通过视频展台投影，可以很好地解决这一问题，学生在投影仪中操作学具，可以使其他学生清楚看到操作过程，更好地理解转录和翻译过程。

思维导图可以将零碎的知识系统化，利用思维导图总结教学重点可以清楚地让学生知道一节课的重点，同时厘清知识之间的联系，有助于学生学习知识。

【教学活动设计】

教学环节一：吸引

教师活动： 创设情境——转基因荧光小鼠，引出基因表达的概念。

学生活动：将生活与课本联系起来。

技术、资源（含平台与工具）：希沃白板、问卷星。

设计意图：激发学生学习兴趣，学生通过问卷星数据结果发现学生预习的知识盲区。

教学环节二：探究

教师活动：播放遗传信息转录和翻译过程的视频。

学生活动：①以小组为单位，讨论并完善转录和翻译过程的表格内容。②以小组为单位，尝试利用物理模型模拟转录和翻译过程，并说出表格中的重要信息。

技术、资源（含平台与工具）：视频、希沃白板。

设计意图：自主学习并内化知识，小组合作讨论自己解决不了的问题。

教学环节三：解释

教师活动：展示学生表格。

学生活动：思考、更正有错的知识点；模拟演示转录和翻译过程。

技术、资源（含平台与工具）：实物投影。

设计意图：检查学生掌握情况，并更正相关认知。

教学环节四：迁移

教师活动：布置巩固提升。

学生活动：学生练习。

技术、资源（含平台与工具）：多媒体投影仪。

设计意图：加强对知识的巩固。

教学环节五：评价

教师活动：思维导图归纳小结，对学生展示环节进行评价。

学生活动：反思所学内容，点评自己的错题。

技术、资源（含平台与工具）：希沃白板。

设计意图：加强巩固复习，解决存在的问题。

【板书设计】

基因指导蛋白质的合成

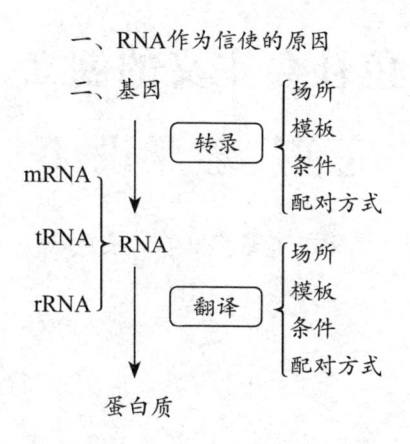

一、RNA作为信使的原因

二、基因

转录 → 场所 / 模板 / 条件 / 配对方式

翻译 → 场所 / 模板 / 条件 / 配对方式

mRNA
tRNA → RNA
rRNA

↓

蛋白质

"中国特色社会主义的创立、发展和完善"教学设计

肇庆市百花中学　梁燕

课例类型：☑多技术融合环境　　□智慧教育环境　　☑大单元模式
所属学科：思想政治　　　　　　使用教材：人教版高中思想政治必修1
所属学段：高一　　　　　　　　教学时长：40分钟

【课例简介】

通过本课时的学习，学生能对我们伟大的党领导下的社会主义国家有更加深刻的认识，理解中国特色社会主义各时期的发展历程，树立历史唯物主义思想，坚持实践的观点，与时俱进，开拓创新，鼓励青少年在中国特色社会主义的实践中树立社会主义道路自信、理论自信、制度自信、文化自信。

【教材及教学内容分析】

本单元的逻辑关系：第一框侧重从实践角度阐释改革开放的历史进程和伟大意义；第二框从理论与实践结合的角度，阐释改革开放以来党的全部理论和实践的主题——中国特色社会主义的创立、发展和完善的过程，引导学生坚定"四个自信"。

通过第一框"伟大的改革开放"的学习，学生在知识上掌握改革开放的背景、历史进程以及重大意义；情感上落实政治认同核心素养的培育，坚定认同

改革开放这一正确道路，牢固树立中国特色社会主义理想信念；行动上自觉参与、主动践行。本框以议题"如何改革开放""改革开放何以伟大"，分别梳理改革开放的历史进程和重点历史事件，概括改革开放的意义，理解改革开放只有进行时，没有完成时，激励学生继续为发展中国特色社会主义挥洒热血，续写新篇章。

通过第二框"中国特色社会主义的创立、发展和完善"的学习，学生对中国共产党领导下的社会主义国家有了更加深刻的认识。教师鼓励青少年参与到中国特色社会主义建设中，在实践中树立社会主义道路自信、理论自信、制度自信、文化自信。本框以议题"改革开放为什么能够成功？"为线索，结合视频，通过合作探究，材料分析，找关键大事件，并用一句话概括出现这些标志性的事件主要得益于什么。通过这个过程，引导学生理解什么是"四个自信"，进而理解改革开放以来中国取得一切成绩和进步的根本原因。

【教学对象分析】

本课居于承上启下的地位，学生经过两大课时的学习，已具备对社会主义从空想到科学、从理论到实践的发展的认识，明白了只有社会主义才能救中国。但是，社会主义的道路如何推进，走什么样的社会主义道路成为亟待解决的问题。

本课紧密结合中国特色社会主义实践，引导学生进一步理解中国必须走中国特色社会主义道路，坚持独立自主走自己的路，帮助学生树立正确的政治方向。

由于学生刚刚开始进入高中思想政治课的学习，本框的知识学理性比较强，从传统意义上来说，显得有些枯燥，学生在基本概念理解、综合思考上难度不大，但是如何摆脱说教式的方法，让学生自觉地认识到"四个自信"的重要性，才是要解决的现实问题。

【教学目标分析】

1. 教师通过引导学生梳理教材，明确重点内容，让学生在预习过程中构建单元知识体系。

2. 通过系统复习，学生了解党的十一届三中全会取得的丰硕成果。

3. 学生能讲述改革开放的进程及取得的主要成就，感悟改革开放给国家带来的深刻变化。

4. 明确中国特色社会主义是把马克思主义基本原理同中国具体国情相结合的产物，经历创立、发展和完善的过程。感悟改革开放以来我国取得的所有成绩和进步的根因，坚定"四个自信"。感悟实现中华民族伟大复兴中国梦的必由之路是"坚持和发展中国特色社会主义"，树立中国特色社会主义共同理想，提高坚持和发展中国特色社会主义的自觉性。

【教学重难点分析及解决措施】

1. 教学重点：改革开放以来党的全部理论和实践的主题。关于中国特色社会主义的"四个自信"。

2. 解决措施：改革开放以何为锚？学生带着老师提出的问题再次回顾知识框架，对课前预习整理的知识内容进行理解和巩固，提高学生快速把握有效信息的能力。

3. 教学难点：中国特色社会主义在中国为什么能成功，明确改革开放以来我国取得一切成绩和进步的根本原因。

4. 解决措施：改革开放何以成功？议题式探寻改革开放取得成绩的原因。

结合视频内容，找关键大事件，思考这些成就性大事件体现出的自信。以表格形式归纳中国特色社会主义"四个自信"的内容、地位及作用。

【主要教学策略】

采用课前预习—构建单元知识框架—围绕议题开展合作探究—分享交流—总结提升—学以致用的教学策略，全面调动学生的积极性来突破教学重难点。

【技术工具、平台、资源】

希沃白板、微格录播教室、PPT课件、致敬改革开放40年微视频《我梦想 我奋斗 我奔向》。

【技术支持的教学设计思路】

本节课在难点学习上以议题"改革开放为什么能够成功"为线索，结合致敬改革开放40年微视频《我梦想 我奋斗 我奔向》，利用微格录播教室的场景和希沃多媒体教学平台，使学生通过合作探究找关键大事件进行交流分享并概括出现这些标志性的事件主要得益于什么。让学生逐渐理解"四个自信"，感悟改革开放以来中国取得一切成绩和进步的根本原因。

【教学活动设计】

教学环节一：单元主题框架展示，引导进入本课主题

教师活动：改革开放后，对内改革、对外开放全面展开，充分释放了中国经济的活力，创造了人类发展史上罕见的中国速度。中国发展的伟大奇迹，得益于改革开放的伟大历史抉择。本节课我们从理论和实践的角度继续探讨改革开放以何为锚？改革开放何以成功？

学生活动：学生通过课前预习，构建了本课知识框架，让学生在课堂上展示优秀作业，并简单讲述框架整理的设想和价值。

技术、资源（含平台与工具）：希沃白板、微格录播教室、PPT课件、教材。

设计意图：引导学生了解课与课之间的逻辑关系，清楚本节课的重点内容。学生通过课前预习，已对本课知识有完整的了解，在接下来的教学活动中有侧重地理解重难点，升华核心素养。

教学环节二：改革开放以何为锚？关于改革开放以来党的全部理论和实践的主题

教师活动：导问引出中国特色社会主义理论体系。通过几个问题进行补充强调。

问题一：中国特色社会主义理论体系包括毛泽东思想吗？

问题二：在哪个思想理论指导下开创了中国特色社会主义？

问题三：哪个思想推动中国特色社会主义进入新时代？

问题四：中国特色社会主义理论体系和马克思列宁主义、毛泽东思想的关系？

学生活动：学生带着老师提出的问题再次回顾知识框架，对课前预习整理的知识内容进行理解和巩固，提高自己快速把握有效信息的能力。

技术、资源（含平台与工具）：希沃白板、微格录播教室、PPT课件、教材。

设计意图：这部分内容学生容易理解，学生对课前知识的梳理也很到位，需要老师通过问题引导加深对内容的理解和易错易混知识的巩固。

教学环节三：改革开放何以成功？ 关于中国特色社会主义道路自信、理论自信、制度自信、文化自信

教师活动：抛出新设问——改革开放为什么能够成功。布置观看视频的任务。议题式追问探寻改革开放取得成功的原因。学生利用表格归纳的方法理解中国特色社会主义"四个自信"的内容和地位作用。

学生活动：结合视频内容，找关键大事件，思考这些成就性大事件中体现的自信。学生自由讨论并进行发言。学生代表结合视频里的成就性大事件，分别讲述我国具有的道路自信、理论自信、制度自信、文化自信。

技术、资源（含平台与工具）：希沃白板、微格录播教室、PPT课件、致敬改革开放40年微视频《我梦想 我奋斗 我奔向》。

设计意图：通过视频的直观呈现，带领学生概括改革开放以来我国取得的各类成就，从而点出"四个自信"是什么的逻辑。学生分享心声，能更好地引起全班同学共鸣，加上老师的点评、补充、升华，让学生更深刻地理解和认同我国的"四个自信"。

教学环节四：知识巩固练习

教师活动：对"四个自信"内容学习后及时通过练习巩固。

学生活动：全班提问和个别提问的方式，找出题目选项错误的地方加以更正，明确该部分内容在选择题中会如何设陷阱，该如何避免掉入陷阱。

技术、资源（含平台与工具）：希沃白板、微格录播教室、PPT课件、导学案。

设计意图：学习"四个自信"的内容不仅要加强学生的认同素养，还要让学生通过练习及时巩固。

教学环节五："四个自信"有什么内在联系？如何坚持"四个自信"？

教师活动：教师总结梳理"四个自信"之间的关系，升华坚持"四个自信"的素养的主题。

学生活动：结合所学，练习巩固。

技术、资源（含平台与工具）：希沃多媒体教学平台、微格录播教室、PPT课件、导学案。

设计意图：通过讲练结合让学生回顾基础知识并让其学会正确运用到实际生活中。设计的拓展迁移主观题较简单，可以通过展示学生的答卷，让学生找优点、提不足，再对其进行打分，重点教会学生答主观题的格式、完整表述的要求和关键词落实的原则。

【板书设计】

一、中国特色社会主义理论体系
- 1. 邓小平理论
- 2. "三个代表"重要思想
- 3. 科学发展观
- 4. 习近平新时代中国特色社会主义思想

二、中国特色社会主义道路、理论、制度、文化
- 1. 改革开放以来取得成就的根本原因
- 2. "四个自信"的内容

"亚非拉民族独立运动"
教学设计

肇庆市百花中学　张思蕴

课例类型：☑多技术融合环境　　□智慧教育环境　　☑大单元模式
所属学科：历史　　　　　　　　使用教材：人教版高中历史必修下册
所属学段：高一　　　　　　　　教学时长：40分钟

【课例简介】

本课采用了信息技术2.0多技术融合，并结合大单元主题教学模式，以教材《普通高中教科书 历史 必修 中外历史纲要（下）》第13课"亚非拉民族独立运动"为例，授课对象是高一年级学生，以深度学习为设计理念。通过思维导图进行大单元模式教学，帮助学生提升历史学科素养，厘清时空观念和历史发展脉络。汇总运用视频史料、班级优化大师、实物投影、自媒体公众号等形式优化课堂教学。实现了信息技术2.0教学和课程教育的深度融合，增强了课堂教学的趣味性和时效性。另外，利用微信班级小管家等帮助分析和评价课堂成效，效果明显。本节课作为一节信息技术2.0背景下大单元教学模式的示范课，发挥了很好的示范作用，为继续探索和完善教学与信息技术更好地融合打下了基础，适应了时代的发展。

【教材及教学内容分析】

基于教材

高中纲要（下）内容	初中教材内容
《普通高中教科书 历史 必修 中外历史纲要（下）》第六单元 世界殖民体系与亚非拉民族独立运动 第12课，资本主义世界殖民体系的形成 第69-75页（共7页）	无
《普通高中教科书 历史 必修 中外历史纲要（下）》第六单元 世界殖民体系与亚非拉民族独立运动 第13课，亚非拉民族独立运动 第76-80页（共5页）	《义务教育教科书 世界历史 九年级 下册》 第一单元 殖民地人民的反抗与资本主义制度的扩展 第1课，殖民地人民的反抗斗争 第2-5页（共4页）

关于教材《普通高中教科书 历史 必修 中外历史纲要（下）》第12课"资本主义世界殖民体系的形成"，初中教材没有体现这一部分的内容，需要在高中的课堂进行详细讲解与分析；在拉丁美洲的独立运动中，初中教材概述了南美洲的南部和北部抗争情况，主要讲述了玻利瓦尔和圣马丁这两个人，而高中教材主要概述海地、巴西、墨西哥争取独立与民主的情况和美国对拉美控制的野心。而高中教材非洲抗争这部分内容，初中教材也没有涉及。

【教学对象分析】

本课面向高一年级的学生，针对高一学生的特点，鼓励他们以各种形式表达自己的见解。基于初中的课程，学生对本节课的内容已经有了初步的了解，但对这种了解不能做较高的评估，由于学习的时间间隔比较长，部分学生对知识的记忆模糊不清，所以运用插入剪辑视频《欧洲殖民史五百年》的方式进入导入环节，通过音乐、动画速度、字体大小、变色等的选用引起学生注意，以实实在在的视频素材展示与学习内容相关的现实问题，充分提升了学生的学习兴趣，激发了学生内在的学习动机。另外，在讲授本课时，不需要拘泥于亚非拉民族运动的内容与过程的讲解方式，而是让学生通过用思维导图的方式进行梳理和讲解。根据不同的主题创设情境，运用适当的材料，学生通过自主阅读、归纳、整理，设置多个任务，充分发挥主体性，从而培养学生的历史思维，并且有助于学生历史学科素养的提升。

【教学目标分析】

基于课标通过了解西方列强对亚非拉的殖民扩张、世界殖民体系的建立以及亚非拉人民的抗争。同时根据课程、学情分析等，本课的教学目标如下：

1. 了解亚洲、非洲、拉美民族独立运动的基本历史，并认识民族民主活动及其对当今世界的历史作用。

2. 通过文本、照片、录像等资料分析了解亚非拉民族独立运动，培养史料实证意识和逻辑思维能力。

3. 通过了解亚非拉民族独立运动的背景、历程和后果，形成初步的时空观，并说明亚非拉近代历史演变的特点，启发学生道路自信、理论自信、制度自信、文化自信，养成不怕困难、积极斗争、追求正义的家国精神。

【教学重难点分析及解决措施】

1. 重点：亚非拉人民的抗争、亚非拉民族独立运动对世界历史发展的影响。

解决的策略：关于第一个重点"亚非拉人民的抗争"，把全班分成拉美组、亚洲组、非洲组，学生分小组完成思维导图，之后让学生代表通过思维导图进行讲授。利用投影的功能，用比较直观的方法介绍学生前期学习成果，让其明确学习目标，获得成就感等。第二个重点内容"亚非拉民族独立运动对世界历史发展的影响"，利用课堂探究活动，运用班级优化大师的随机抽签等功能，体现了以学生为中心的教学，让学生得到教师的重视，提高学生的自信心。

2. 难点：亚非拉民族独立运动对世界历史发展的影响

解决的策略：针对"亚非拉民族独立运动对世界历史发展的影响"这一重点内容，采取课堂探究活动策略，利用班级优化大师的随机抽签功能，既体现以学生为主体的教学，也使更多的学生得到老师的关注，增强课堂的趣味性。

【主要教学策略】

大单元主题教学法、学案导学法、情境教育法、课题研究法、课堂教学演绎法。

【技术工具、平台、资源】

投影、班级优化大师、剪映、自媒体公众号、PPT。

【技术支持的教学设计思路】

首先，导入部分插入剪辑视频，利用歌曲、动画速度、字体尺寸、变色引起学生注意，通过实际的录像素材展示了与学生、学习内容有关的实际情况与现实问题，充分调动了学生学习历史的兴趣，激发了学习动机。

其次，重点部分分成拉美组、亚洲组、非洲组，学生以小组为单位完成思维导图，并把学生的思维导图进行投影，更加直观地展示学生前期学习的成果，使其认同学习目标，获得成就感，之后让学生代表根据思维导图进行演讲，实现以学生为主体的教学目标。在对亚非拉民族独立运动对世界历史发展的影响的讲解中，采取课堂探究活动的形式，运用班级优化大师进行随机抽签，激发学生的好奇心，体现以教师为主导、学生为主体的课堂，增强学生学习历史学科的自信心。

最后，利用大单元教学模式，利用思维导图对本课及其大单元课程进行总结。

【教学活动设计】

（一）导入

播放视频：《欧洲殖民史五百年》

设计意图： 学生看视频，引起学生的兴趣和注意，最后教师进行知识梳理与点拨，进一步加深印象。

（二）单元知识讲解

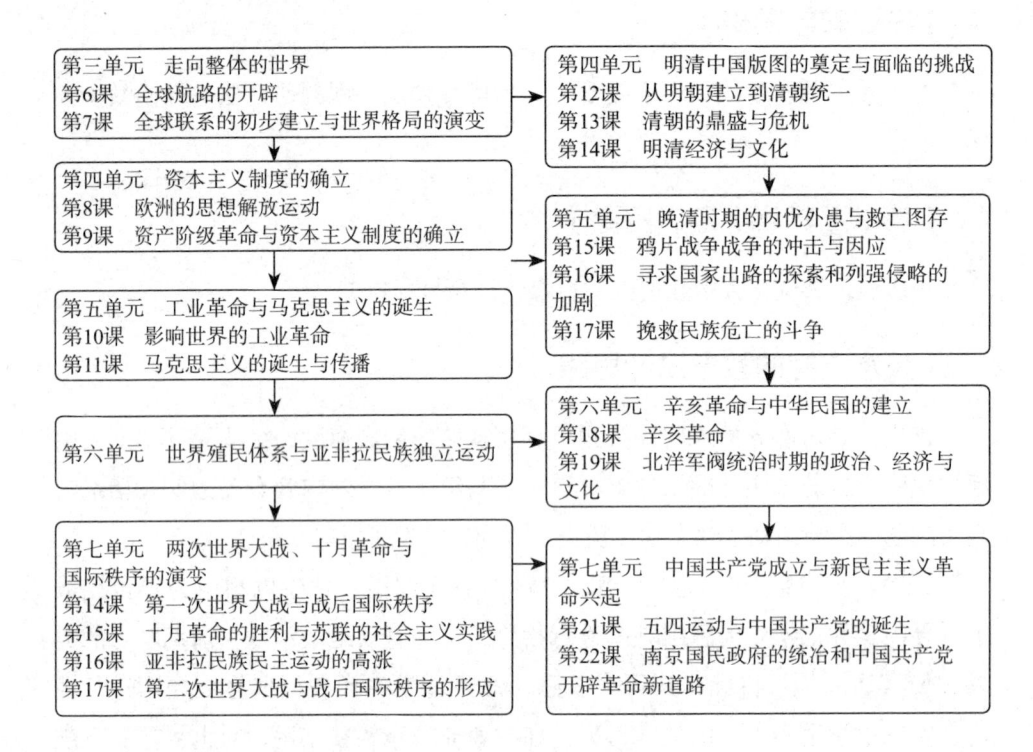

| 第三单元　走向整体的世界
第6课　全球航路的开辟
第7课　全球联系的初步建立与世界格局的演变 | 第四单元　明清中国版图的奠定与面临的挑战
第12课　从明朝建立到清朝统一
第13课　清朝的鼎盛与危机
第14课　明清经济与文化 |

| 第四单元　资本主义制度的确立
第8课　欧洲的思想解放运动
第9课　资产阶级革命与资本主义制度的确立 | 第五单元　晚清时期的内忧外患与救亡图存
第15课　鸦片战争战争的冲击与因应
第16课　寻求国家出路的探索和列强侵略的加剧
第17课　挽救民族危亡的斗争 |

| 第五单元　工业革命与马克思主义的诞生
第10课　影响世界的工业革命
第11课　马克思主义的诞生与传播 | |

| 第六单元　世界殖民体系与亚非拉民族独立运动 | 第六单元　辛亥革命与中华民国的建立
第18课　辛亥革命
第19课　北洋军阀统治时期的政治、经济与文化 |

| 第七单元　两次世界大战、十月革命与国际秩序的演变
第14课　第一次世界大战与战后国际秩序
第15课　十月革命的胜利与苏联的社会主义实践
第16课　亚非拉民族民主运动的高涨
第17课　第二次世界大战与战后国际秩序的形成 | 第七单元　中国共产党成立与新民主主义革命兴起
第21课　五四运动与中国共产党的诞生
第22课　南京国民政府的统治和中国共产党开辟革命新道路 |

设计意图：梳理单元与单元知识点之间的逻辑关系，进行大单元教学，使历史学科素养真正落实。

（三）重点知识讲解

（1）分成拉美组、亚洲组、非洲组。

（2）学生分小组完成思维导图（漫画图）。

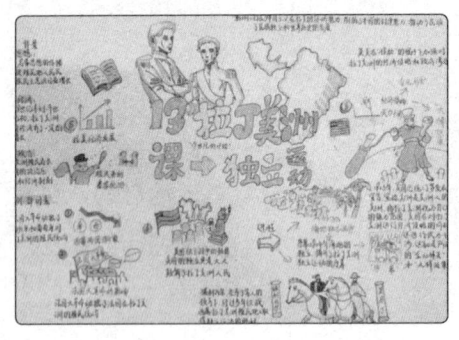

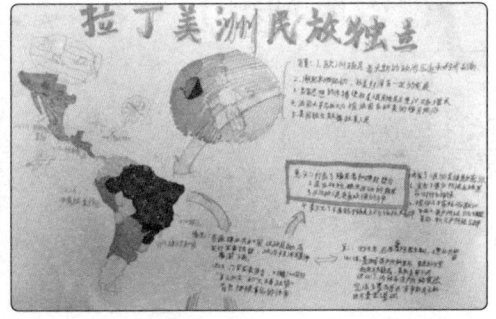

百花篇

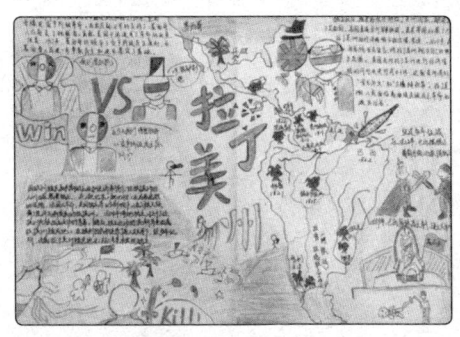

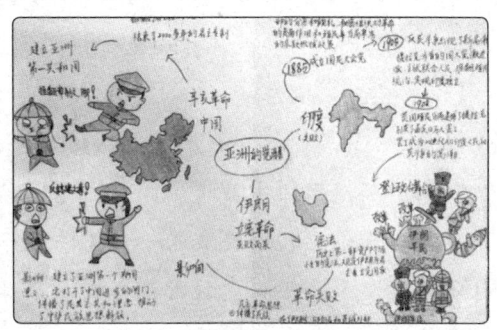

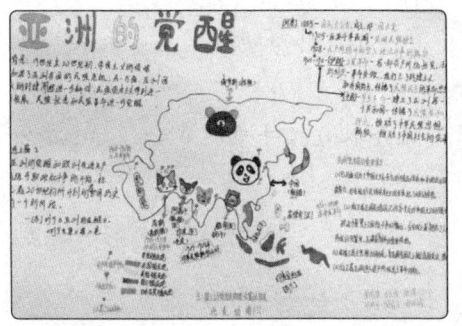

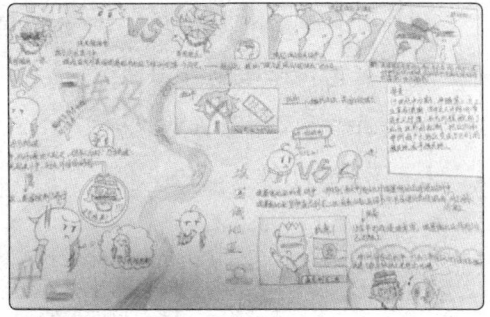

（3）学生代表根据思维导图（漫画图）进行演讲。

设计意图：以小组的形式绘制思维导图，再选出三个小组中的学生代表上台讲解，真正体现以教师为主导、以学生为主体的教学理念，加强历史学科素养。

（四）课堂探究

材料一：亚洲的觉醒是指亚洲各国民族忧患意识和民主改革意识的觉醒和抗争。19世纪末20世纪初，帝国主义掀起了瓜分世界的狂潮，进一步加深了亚洲各国的民族危机；亚洲的封建经济进一步解体，民族资本主义不断发展，资产阶级和无产阶级的民族民主意识也不断发展；1905年的俄国革命运动也进一步唤醒了亚洲，终于形成了列宁所说的"亚洲的觉醒"的新局面。

——徐蓝主编《世界近现代史1500—2007》

材料二：中国辛亥革命推翻了清王朝的统治，第一次建立了共和政体……伊朗革命保住了其重要成果——宪法；印度人民则迫使英国当局取消了孟加拉分治法案。……亚洲觉醒时期各国斗争具有资产阶级革命的性质，开辟了斗争的新阶段。……亚洲民族运动在客观上成了西方工人运动的同盟军。

——刘宗绪主编《世界近代史》

材料三：亚洲的觉醒和欧洲先进无产阶级夺取政权斗争的开始，标志着20世纪初所开创的全世界历史的一个新阶段。

——列宁《亚洲的觉醒》，《列宁选集》

根据材料一，亚洲觉醒的原因是什么？

根据以上材料并结合所学，亚洲觉醒对亚洲和世界各有什么影响？

设计意图：学生思考和回答，教师最后点拨与总结，培养学生分析、总结、归纳的能力，培养历史学科思维。

（五）课堂小结

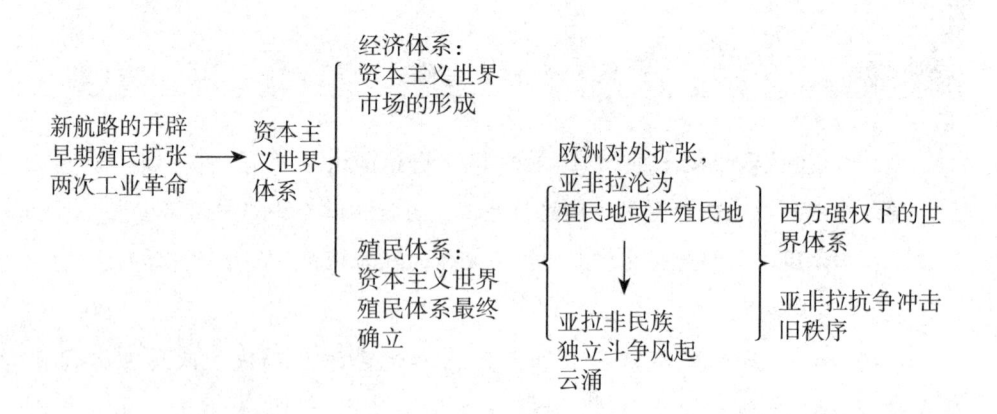

新航路的开辟
早期殖民扩张 → 资本主义世界体系
两次工业革命

- 经济体系：资本主义世界市场的形成
- 殖民体系：资本主义世界殖民体系最终确立

欧洲对外扩张，亚非拉沦为殖民地或半殖民地
↓
亚拉非民族独立斗争风起云涌

西方强权下的世界体系
亚非拉抗争冲击旧秩序

设计意图：教师总结，再次培养学生的宏观历史思维。

（六）课外拓展

略。

【板书设计】

一、导入

观看《欧洲殖民史五百年》。

二、内容

拉丁美洲的民族独立运动。

亚洲的民族独立运动。

非洲的民族独立运动。

三、小结

"农业区位及农业可持续发展：
以柳州螺蛳粉为例"教学设计

肇庆市百花中学　韦艳红

课例类型：☑多技术融合环境　　□智慧教育环境　　□大单元模式
所属学科：地理　　　　　　　　使用教材：人教版高中地理必修第二册
所属学段：高一　　　　　　　　教学时长：40分钟

【课例简介】

　　这节课是贯彻"主题式情境教学培养地理综合思维"的一个尝试。教学设计是以"柳州螺蛳粉"为主线构建情境，主要培养学生高考的四项基本能力。首先，通过视频和图片展示，学生充分理解主题情境，为情境问题讨论做准备。其次，引出问题，在学生充分感知主题情境基础上，引导学生思考，最终引出主题情境讨论的核心问题。再次，学生小组讨论构建思维导图后展示解读，老师引导学生讨论完善思维导图。最后，学生知识迁移运用，老师课堂总结评价。

【教材及教学内容分析】

　　本节课教材内容为"农业区位因素及其变化"。教学内容主要包括农业的区位条件、农业生产技术以及农业的可持续发展措施。依据新课标并结合实例,说明农业的区位因素及其变化,学会用正确的地理思想去思考农业问题。

【教学对象分析】

学生已经掌握一定的农业知识结构,但对不同农业情境的区位分析能力还欠缺。大部分学生只是理解表象,没有形成农业的认知结构。所以,本节课需要学生在建立大量感性认知的基础上,形成一个比较系统、全面的农业区位知识结构。

【教学目标分析】

1. 综合思维目标:利用区位理论综合分析某一地区农业区位因素和变化,并结合当地农业生产技术,评价其对农业生产的影响,因地制宜提出农业可持续发展措施。

2. 地理实践力目标:通过分析农业生产对当地地理环境的有利、不利影响,探讨农业生产与地理环境的协调发展,并为农业的可持续发展提出可行性措施。

3. 区域认知目标:能够辨识给定区域内某种农业的区位因素;通过对区域自然和人文特征的把握,对比分析不同区域农业生产条件的异同。

4. 人地协调观目标:知道地理事物是变化发展的,并树立正确的人地协调观。

【教学重难点分析及解决措施】

教学重点:影响农业的区位因素。

解决措施:通过课件展示位置信息和材料信息,运用希沃白板引导学生寻找关键图文信息,让学生能从中准确获取有效的材料来分析农业区位因素。

教学难点:评价农业生产技术以及因地制宜提出农业可持续发展措施。

解决措施:通过构建问题情境,引导学生分析农业区位条件、从有利和不利两方面,用辩证思维看待农业生产技术对区域农业发展的影响,能利用区域认知,提出农业可持续发展措施。

【主要教学策略】

主题式情境教学。

【技术工具、平台、资源】

希沃白板、百度地图、投影仪、SOLO分类理论评价分析表。

【技术支持的教学设计思路】

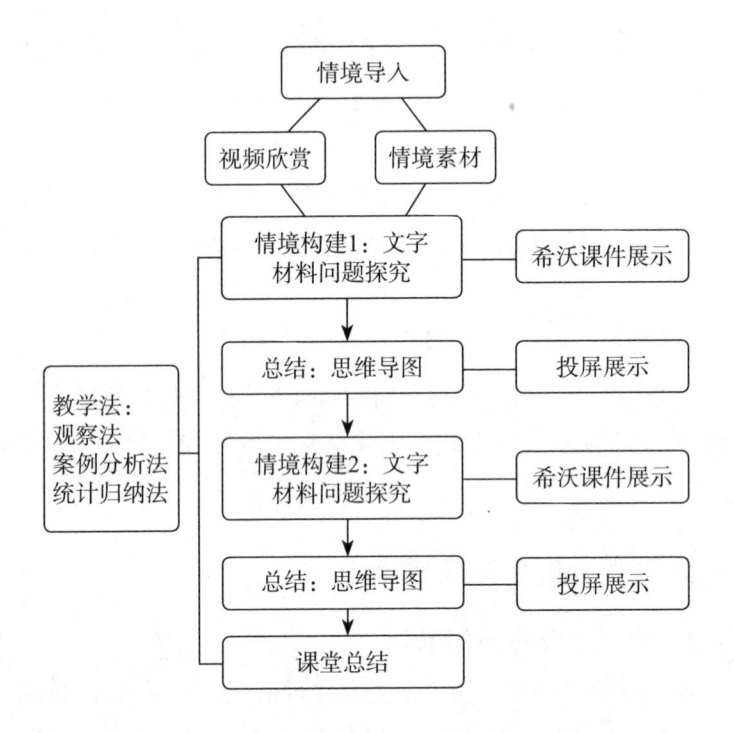

```
                        情境导入
                       ↙      ↘
                  视频欣赏    情境素材
                              ↓
                    情境构建1：文字       ——  希沃课件展示
                    材料问题探究
                              ↓
教学法：             总结：思维导图       ——  投屏展示
观察法                        ↓
案例分析法           情境构建2：文字       ——  希沃课件展示
统计归纳法           材料问题探究
                              ↓
                     总结：思维导图       ——  投屏展示
                              ↓
                        课堂总结
```

【教学活动设计】

教师情境导入：

观看视频及阅读文字材料：螺蛳粉是广西壮族自治区柳州市最具地方特色的小吃，是用螺蛳汤料、米粉和特定配料制作的一道主食，具有辣、爽、鲜、酸、烫的独特风味。螺蛳粉的味美主要是因为其独特的汤料——由螺蛳、山奈、八角、肉桂、丁香、多种辣椒等天然香料和味素配制而成，让人回味无穷。2018年8月20日,"柳州螺蛳粉"获得国家地理标志商标。2021年5月24日,广西壮族自治区柳州市申报的柳州螺蛳粉制作技艺经国务院批准列入第五批国家级非物质文化遗产代表性项目名录。

1. 教师课件展示：情境1图文材料。

螺蛳是我国淡水螺的统称，多生活在湖底，肉质紧实，螺黄鲜美，具有较高的经济价值。螺蛳属田螺科，食性杂、生长快、喜阴怕光，它的最适生长水温在20~25℃，水温达15℃以下和30℃以上时即停止摄食活动，水温40℃以上死亡。广西柳州特色螺蛳粉小镇建有千亩稻螺综合种养示范基地，利用稻田浅水环境辅以人为措施套养田螺，取得了很大的综合效益。

学生小组探究：

（1）学生以小组合作的形式完成柳州螺蛳粉农业生产的自然条件探究。

地形	
气候	
水源	
土壤	

（2）学生以小组合作的形式完成问题探究（要求以思维导图的形式展示）。

教师情境设问：

问题探究1：分析气候条件对柳州螺蛳生长的影响。

问题探究2：说明稻螺套养方式的优点。

（3）学生自主学习归纳（要求学生在"导学案"的文字材料中圈画出能够反映社会经济条件的关键语句，完成上表和问题探究1、问题探究2）。

2.教师课件展示：情境2图文材料。

2014年，螺蛳粉第一份袋装问世。当地政府先后实施了34条优惠政策，意在打造螺蛳粉产业，完善了上、下游产业链，实现了第一、第二、第三产业的融合发展。目前，全产业链销售年收入突破500亿元，带动了20多万农民增收和30多万劳动力就业。柳州螺蛳粉正在从"路边摊"向"大产业"不断迈进。

社会条件	材料体现（截句抄）

教师情境设问：

问题探究3：简析螺蛳粉在柳州出现的地理背景。

问题探究4：从可持续发展角度，推测柳州螺蛳粉是如何实现第一、第二、第三产业融合发展的？

学生讨论分析农业区位条件的一般思路和思维构建：_____。

3. 教师课件展示：自然因素思维导图。

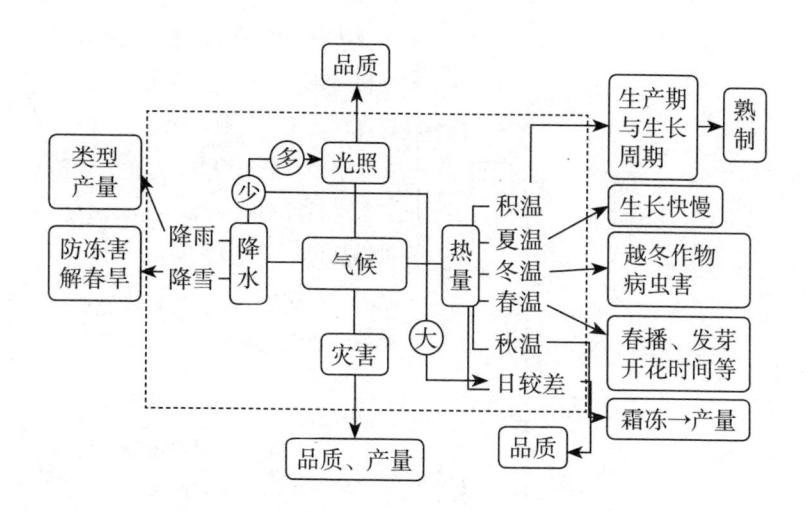

教师情境设问：

问题探究5：从可持续发展角度，为当地螺蛳粉原材料稳定供应提出合理建议。

学生回看视频再找亮点：

填写学案思维导图，完成问题探究5（要求：用思维导图呈现）。

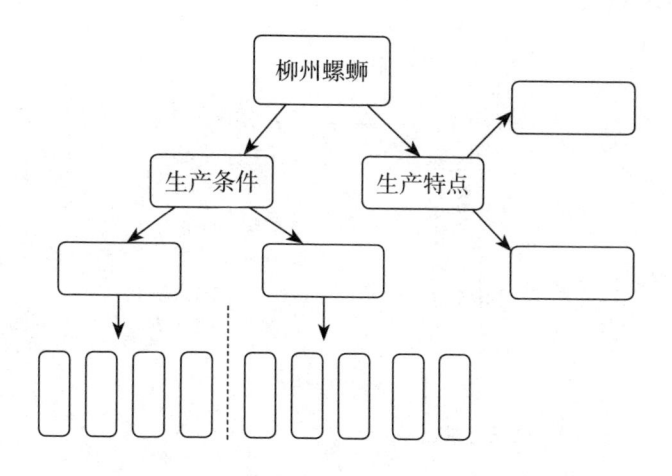

61

农业可持续发展措施：

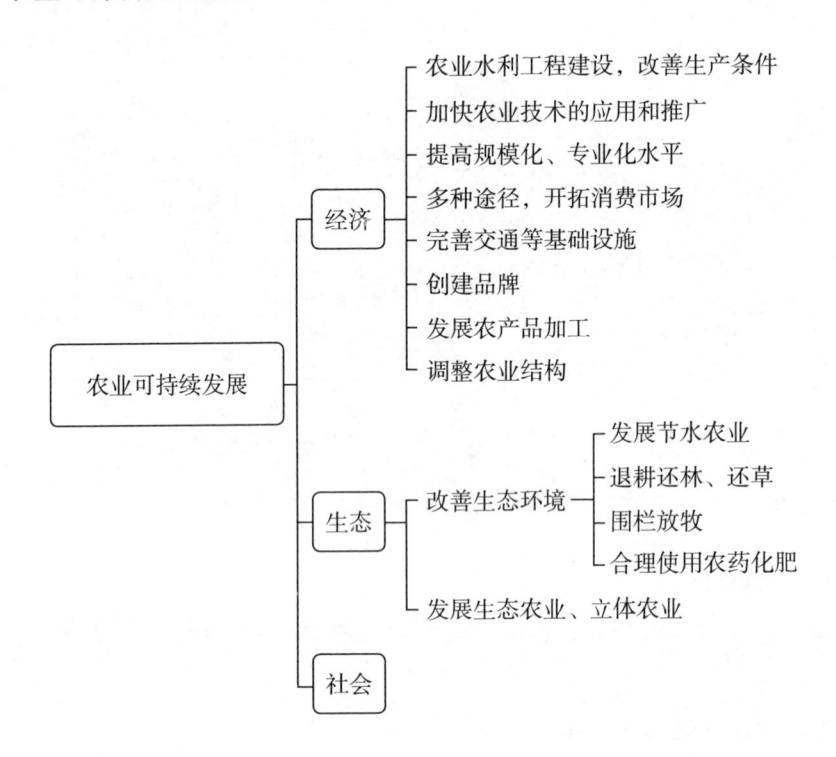

- 农业可持续发展
  - 经济
    - 农业水利工程建设，改善生产条件
    - 加快农业技术的应用和推广
    - 提高规模化、专业化水平
    - 多种途径，开拓消费市场
    - 完善交通等基础设施
    - 创建品牌
    - 发展农产品加工
    - 调整农业结构
  - 生态
    - 改善生态环境
      - 发展节水农业
      - 退耕还林、还草
      - 围栏放牧
      - 合理使用农药化肥
    - 发展生态农业、立体农业
  - 社会

【板书设计】

一、农业区位条件

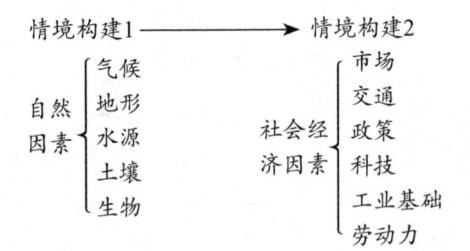

情境构建1 ——→ 情境构建2

- 自然因素
  - 气候
  - 地形
  - 水源
  - 土壤
  - 生物
- 社会经济因素
  - 市场
  - 交通
  - 政策
  - 科技
  - 工业基础
  - 劳动力

二、农业可持续发展措施

农业发展措施：

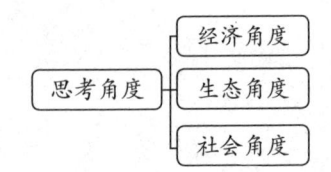

- 思考角度
  - 经济角度
  - 生态角度
  - 社会角度

"大气受热过程和大气运动"教学设计

肇庆市百花中学　王梅

课例类型：☑多技术融合环境　　☐智慧教育环境　　☑大单元模式
所属学科：地理　　　　　　　　使用教材：人教版高中地理必修第一册
所属学段：高一　　　　　　　　教学时长：2课时（80分钟）

【课例简介】

本课例通过创建真实情境和设置知识链的项目式教学形式，让学生能够在真实情境中解决问题，做到从生活情境中来再到生活中去，培养学生的地理核心素养和地理实践力。在真实复杂情境中，学生将所学知识和技能用于解决实际问题，在新课标新教材背景下，培养学生的地理核心素养，需要遵循一定的学科逻辑深度探究地理问题。本课例以王老师在青藏高原的所见所闻为素材创设真实情境开展深度教学，以突破学生的思维定式，进行深层、深刻、深度学习，是核心素养落地的重要途径。以寻找"清凉端州"为课后研学任务，整合教学内容，开展体验式学习，让学生在实践中完善知识体系，学会学以致用，培养地理实践力。

【教材及教学内容分析】

本章的主要内容就是大气，是学生学习完地球的宇宙环境及其圈层结构后，第一个学习的自然环境要素。大气圈是地球外部圈层中最外的一层，所以教材首先安排学习的自然要素是大气。本节所学内容是大气运动的基本过程和原理知识，是学生在人教版普通高中地理选择性必修第一册中学习常见天气系统、气压带和风带等知识的基础。

【教学对象分析】

授课对象：高一学生。

1. 心理特征：高一阶段的学生独立意识、好奇心、表现欲望强烈，因此，需要将自主探究和合作交流紧密结合，使学生在探究的过程中获得更多成功的体验。

2. 思维能力：学生受经验所限，对许多地理事物和现象及其原理缺乏认识，就事论事的说明和讲解容易使学生提不起兴趣甚至产生畏难情绪，因此，需要创设情境、模拟实验让学生在已知和未知之间搭建桥梁，体验学习的乐趣和意义。

3. 学习基础：学生在前面学习过大气的组成和垂直分层，有一定的基础；考虑学生探究能力和综合思维能力有限，在讲授知识时要注意适当降低难度，探究的时间要充足，在探究过程中注意适当引导和启发。

【教学目标分析】

课程标准：运用示意图等，说明大气受热过程与热力环流原理，并解释相关现象。

教学目标：

1. 能够学会用大气受热过程的示意图和原理图，分析原理知识，培养学生的读图能力，用示意图的形式让学生更好地理解大气的两个作用——大气的保温作用和大气的削弱作用。

2. 学生通过观察热力环流的实验视频，理解热力环流的形成过程和原理知识，能够根据原理知识解释身边的案例，并指导生活实践。

3. 依据所学原理和知识，能够对生活中的相关地理现象进行解释，从而指导人类生产、生活实践。

【教学重难点分析及解决措施】

教学重点：说明大气受热过程和大气热力环流原理。

解决措施：以王老师暑假"青藏之旅"主题情境为载体，运用图表工具和实验视频，激发学习兴趣，根据受热过程示意图和热力环流视频，设置层层递进的问题链，引导学生分小组进行合作探究受热过程，并让学生根据所观看的热力环流实验视频动手绘制热力环流的原理图。

教学难点：能够用事实解释自然界和生活中的热力环流。

解决措施：用生活中常见的地理现象和情境设置问题让学生用所学的原理分析，做到学以致用，课后通过研学的形式——探寻清凉端州，在我们的家乡——端州——寻找出你心目中的避暑胜地，并说明理由，培养学生地理思维能力和地理实践力，帮助突破本课例的难点。

【主要教学策略】

大单元教学、情境教学、项目式教学。

【技术工具、平台、资源】

UMU互动学习平台、A8技术支持的方法指导、希沃平台、班级优化大师、剪映、Photoshop、Mindmaster思维导图软件、PPT、问卷星。

【技术支持的教学设计思路】

本课例为了使课堂的探究活动更加具有示范性和精准性，采用了2.0微能力中的A8技术支持的方法指导，运用技术手段解决活动探究，以及实验视频动态演示等。在授课中通过希沃白板中的技术工具，让学生演示大气的受热过程示意图，在希沃白板中绘制热力环流示意图和海陆风、山谷风、城市风示意图，培养学生的地理实践力，同时交互式教学能很好地增强学生课堂的积极性，激发学生学习的热情；应用Mindmaster软件绘制思维导图，对课堂知识进行结构化和可视化梳理，帮助学生形成个性化知识框架，厘清知识脉络；在讲解热力环流原理时，可以利用剪映剪辑实验的视频，并且给视频的每一个环节添加字幕，帮助学生更好地理解原理知识，透过现象归纳规律；用Photoshop对青藏高原的旅游照片进行处理，处理成学习用的图片，插入课件帮助学生构建地理真实情境，激发学习兴趣。通过UMU互动学习平台的闯关环节，将课前反馈落实下去，让学生清晰地了解自己的学习结果及问题所在，以便在课堂复习中有针对性地进行弥补；同时由于有UMU互动学习平台作支撑，前面课堂没有学懂的知识仍然可以及时返回去反复学习。课后作业，寻找清凉端州，利用UMU互动学习平台的提交作业功能，要求学生提交程序作业，并对程序作业进行点对点评价反馈解决重难点。利用班级优化大师和希沃白板对学生的课堂表现与作业提交进行反馈和分析，并可以及时发送学习报告给家长，成为家校沟通的桥梁工具。

【教学活动设计】

第一课时：大气受热过程

第一环节：情境感知

教师活动： 以王老师暑假去西北旅游为情境背景。王老师抵达新疆，开始了西北之旅。发现当地白天很晒，室外温度25℃，紫外线十分强烈，王老师需要穿上防晒衣、戴上太阳帽和太阳镜。到了晚上，降温幅度非常大，只有16℃，王老师则需要穿上厚外套。

学生活动： 聆听故事，进入情境。

技术、资源（含平台与工具）： 利用软件Photoshop对青藏高原的旅游照片进行处理，处理成学习用的图片，插入PPT课件帮助学生构建地理真实情境，激发学习兴趣。

设计意图： 以新疆的昼夜温差大与学生生活的广东肇庆温差小产生强烈对比为情境背景，激发学生的求知欲。

第二环节：问题探究

教师活动：

（1）根据教材"到达地面的太阳辐射"示意图，分析新疆白天的紫外线为何十分强烈？

（2）根据教材"大气对地面的保温作用"示意图，分析新疆的夜晚为何降温幅度大？

（3）分析新疆昼夜温差比端州大的原因。

学生活动： 分小组谈论探究问题，在白板上画出大气受热过程示意图，结合示意图进行分析展示。

技术、资源（含平台与工具）：利用希沃白板交互功能，让学生在白板上绘制受热过程示意图，提高学生的动手能力，帮助其理解知识原理。

设计意图：通过图—文、图—图、文—图的转换与核心概念的互动，帮助学生不仅能理解知识的来龙去脉，还能使用文字和图像语言等从多角度阐释原理。

第三环节：思维进阶（理论联系实际）

教师活动：大气受热过程原理在生产生活中的应用——"新疆见闻"。

（1）新疆的天空一片蔚蓝，为什么白天的天空是蓝色的呢？

（2）新疆吐鲁番的哈密瓜、葡萄、西瓜等水果，特别好吃，很清甜，请从气温角度分析原因。

（3）根据大气受热过程原理，分析新疆荫房晾晒葡萄的有利气候条件。

（4）利用大气受热过程原理，为新疆葡萄种植基地防御冬季霜冻提出合理建议。

学生活动：阅读材料，思考问题，课堂上小组合作探究回答。

技术、资源（含平台与工具）：用希沃平台展示PPT课件，借助班级优化大师和UMU交互式教学平台对学生的课堂表现进行评价和反馈。

设计意图：展示王老师在新疆的所见所闻让学生在抽象的书本知识和鲜活的现实世界之间搭建桥梁，引导学生强化关注身边地理现象的意识，培养学生的综合思维能力和地理实践力。

第二课时：大气运动

第一环节：情境感知

教师活动：第二天，王老师来到了美丽的赛里木湖。站在广阔的湖边，感受到凉风习习，美丽的湖光景色让王老师流连忘返，情不自禁地在赛里木湖游玩了一整天。夜幕逐渐降临，温度下降，看到衣角扬起的方向，王老师意识到不知不觉中风向已经转为由陆地吹向湖面。

学生活动：聆听故事，进入情境。

技术、资源（含平台与工具）：将经过Photoshop加工的旅游素材照片引入课堂，采用情境教学。

设计意图："一境到底"跟着王老师新疆之旅的步伐来到赛里木湖，以赛里木湖吹风的感受为情境背景，引发学生思考，导入新课。

第二环节：问题探究

教师活动：

（1）开展热力环流模拟实验，分析当地面冷热不均时气流将会如何运动？

（2）说出白天赛里木湖面与岸边陆地的气温、气压对比情况如何？分别绘制出赛里木湖白天、夜间的大气热力环流模式图，据此分析赛里木湖区域白天吹湖风、夜晚吹陆风的原因。

（3）能够根据所学的热力环流原理知识，解释山谷风、海陆风、城市风等现象，并画出示意图。

学生活动：分小组谈论探究问题、开展模拟实验，在白板上画出热力环流一般模式图以及海陆风、山谷风、城市风示意图，进行分析展示。

技术、资源（含平台与工具）：利用剪映剪辑热力环流实验的视频，给视频的每一个环节添加字幕，在希沃白板中绘制热力环流示意图和海陆风、山谷风、城市风示意图，培养学生的地理实践力。

设计意图：通过创设情境展示真实世界中"大气热力环流现象"，设计实验步骤，采用小组合作模拟实验。然后提出问题链，让学生进行合作探究，帮助学生化抽象为具体，理解大气热力环流的形成过程，同时提高学生的地理实践力，掌握地理科研一般探究方法。

第三环节：思维进阶（理论联系实际）

热力环流原理在生产生活中的应用。

教师活动："生活中的热力环流"。

（1）空调、暖气应该安装在房间的哪个部位？

（2）城市规划时，为了减轻大气污染，应该如何布局大气污染严重的工业企业？

学生活动：思考问题，课堂上小组合作探究回答。

技术、资源（含平台与工具）：采用信息2.0微能力中的A8技术支持的方法指导，运用技术手段解决活动探究，实验视频动态演示等。

设计意图：联系生活中与热力环流原理相关的地理现象，引导学生学以致用，认识到学习地理的有用性，提高综合思维能力和地理实践力。

第四环节：课堂总结

教师活动：

（1）引导学生自主梳理本课关键知识原理：

① 对流层大气受热过程中，大气所起的作用包括哪些？

② 大气通过哪些形式对地面进行保温？

③ 大气的直接热源和根本热源分别是什么？

④ 热力环流形成的根本原因是什么？

⑤ 热力环流的形成过程是怎么样的？

⑥ 大气运动的基本形式有哪些？

（2）请学生绘出本课知识的思维导图。

（3）展示本节课的知识网络。

学生活动：学生分小组对知识要点进行梳理与重构，并用Mindmaster软件绘制出本节课的思维导图，派小组代表进行分享。

技术、资源（含平台与工具）：Mindmaster软件，利用软件将纷繁复杂的知识和想法以结构化的方式组织、管理和呈现，有利于深化学生对知识的理解从而构建个人的知识框架与结构，将信息技术融合进课堂的总结和提升之中。

设计意图：通过小组合作的形式，利用Mindmaster软件绘制思维导图，对课堂知识进行结构化和可视化梳理，让学生在小组合作中学会分享，培养学生总结归纳知识的能力，进行学生综合思维训练，帮助学生建立知识网络。

第五环节：课外研学——"探寻清凉端州"

教师活动：布置研学任务，说明研学要求，提醒安全事项。课堂上同学们跟随着王老师的新疆之旅，在燥热的夏天中感受新疆凉爽舒适的宜人气候、欣赏新疆令人陶醉的迷人风光。那么在端州，又是否能找到一处避暑胜地，让我们能够就近在炎炎夏日中觅得丝丝清凉呢？请同学们以4~6人为单位组成研学小分队，利用周末时间，走出室内，走进大自然，利用本节课所学知识，在我们熟悉的家乡——端州，找出你心目中的避暑胜地，并说明理由。

学生活动：以小组为单位，利用周末时间开展课外活动，完成研学任务。

技术、资源（含平台与工具）：采用问卷星让同学设计问卷调查，开展研学活动，并利用UMU互动学习平台收集学生的问卷信息，帮助统计研学数据。

设计意图：整合教学内容，开展体验式学习，让学生在实践中完善知识体系；带动学生学以致用，从而提升地理实践力；走进乡土地理，加深对家乡的认识了解，培养乡土情怀、家国情怀，落实立德树人的根本目的。

第六环节：成果展示

教师活动：组织学生在课堂上进行研学成果展示。

学生活动：制作成果展示PPT，轮流进行展示，其他小组进行提问、点评和打分。

技术、资源（含平台与工具）：利用小管家和UMU互动学习平台收集学生研学的成果，让学生互评和点评打分，进行反馈。

设计意图：通过互相提问、点评和打分，充分发挥学生自主性，进一步促进深入质疑与理解，实现知识内化。

【板书设计】

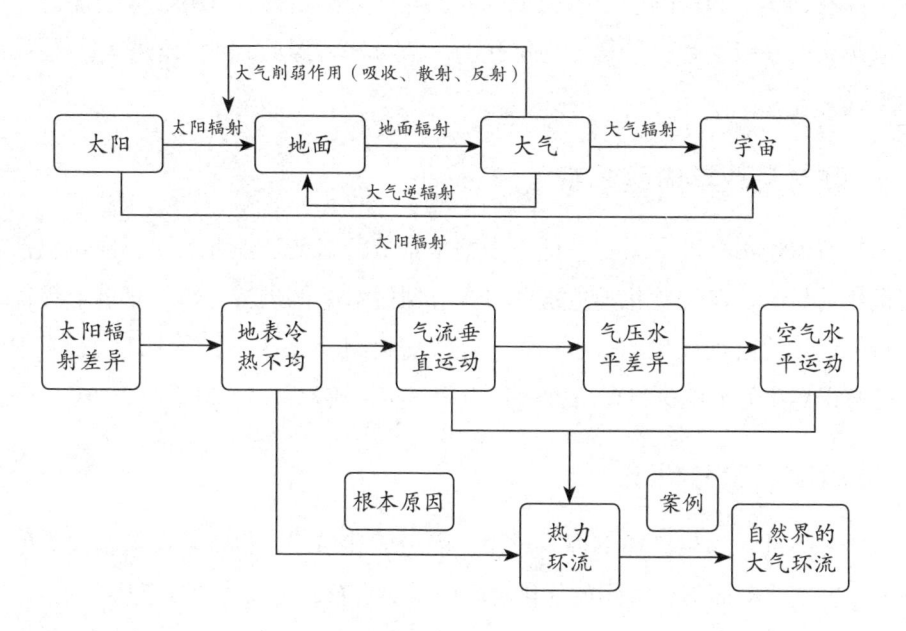

```
            大气削弱作用（吸收、散射、反射）
                    ↓
  ┌────┐ 太阳辐射 ┌────┐ 地面辐射 ┌────┐ 大气辐射 ┌────┐
  │ 太阳│────────→│ 地面│────────→│ 大气│────────→│ 宇宙│
  └────┘          └────┘          └────┘          └────┘
     │              ↑    大气逆辐射                   ↑
     │              │                                 │
     └──────────────┴─────────太阳辐射────────────────┘
```

```
┌──────┐   ┌──────┐   ┌──────┐   ┌──────┐   ┌──────┐
│太阳辐 │→ │地表冷 │→ │气流垂 │→ │气压水 │→ │空气水 │
│射差异 │   │热不均 │   │直运动 │   │平差异 │   │平运动 │
└──────┘   └──────┘   └──────┘   └──────┘   └──────┘
                                      │           │
                                      ↓           ↓
              ┌──────┐            ┌──────┐   ┌──────┐
              │根本原因│──────→  │ 热力 │   │自然界的│
              └──────┘            │ 环流 │→ │大气环流│
                               案例└──────┘   └──────┘
```

"饭堂就餐流程的优化设计"教学设计

肇庆市百花中学　苏颖

课例类型：☑多技术融合环境　　□智慧教育环境　　□大单元模式
所属学科：通用技术　　　　　　使用教材：粤教版高中通用技术必修
所属学段：高二　　　　　　　　教学时长：40分钟

【课例简介】

"饭堂就餐流程的优化设计"选题源于学生身边的事，激发学生的主动性。课前，学生利用信息技术完成问卷调查，收集信息。课堂，学生亲身经历流程优化的一般过程，了解流程优化的一般方法。课后，学生根据评价建议进一步优化方案。

【教材及教学内容分析】

本节课是本章的最后一节课，是整个章节的归纳与提升。主要内容包括流程优化的目的、流程优化的方法和步骤。通过对案例进行分析，了解流程优化的目标，体验流程优化的过程，掌握流程优化的一般方法。学生能综合应用所学的知识对流程现状进行分析并优化流程，实现流程目的更优化。

【教学对象分析】

学习基础：学生已经掌握了对流程的组成和描述，也了解了流程设计的一般方法。相比较而言，流程的优化对高中生而言意义更大，可实践性更强。

思维能力：学生受经验限制，对流程的优化设计缺乏认识，就事论事的说明和讲解容易使学生提不起兴趣。因此，需要创设情境，让学生亲身经历优化设计的过程，在已知和未知之间搭建桥梁，体验学习的乐趣。

心理特征：学生的独立意识、表现欲强，对事物有自己独特的见解。因此，需要将自主学习、合作交流紧密结合，使学生在课堂上收获更多成功的体验。

【教学目标分析】

学生能对现有流程进行分析，了解流程优化过程中的基本要素，体会流程设计的基本思想和方法。学生在课堂上能感受到现代社会正越来越多地被技术所控制和主宰，增强对技术现象及技术问题的感知与体悟；能初步用系统分析和比较权衡的筹划性思维提出创新性的优化饭堂就餐流程的方案；能用流程图的形式呈现优化方案。

【教学重难点分析及解决措施】

教学重点：

1. 能根据事物的内在性质、规律和相关因素对饭堂就餐流程设计的时序和环节进行把握。

2. 知道流程设计的目的是使其产生更大的效益和具有可持续发展性。

3. 了解流程设计的一般方法及步骤。

教学难点：在有限的时间内学生能根据事物的内在性质、规律和相关因素对饭堂就餐流程设计的时序和环节进行把握，对流程进行优化设计。

解决措施：让学生在真实的情境中发现问题，激发解决问题的主动性。课前让学生利用问卷星小程序收集相关资料并对其进行分析。在课堂上利用迅捷语音转文字软件快速记录有效信息，使课堂教学更流畅、更高效，学生也能在课后根据课堂中的信息完成进一步的优化设计。

【主要教学策略】

借用信息技术手段使学生沉浸式地解决问题，从而达到掌握流程优化方法的教学目的。

【技术工具、平台、资源】

希沃白板、平板、迅捷语音转文字、Snap camera。

【技术支持的教学设计思路】

在进行流程的优化设计前，学生需要调查收集信息。这就需要学生课前完成，为了方便学生发放调查问卷以及统计，建议学生使用问卷星等小程序。在项目导入环节，通过让学生观看视频，更生动地把学生饭堂就餐的现状呈现在学生面前，而利用Snap camera可以在保护学生隐私的同时增加视频的趣味性。为了提高课堂效率，让知识真实地在课堂中生成，教师利用迅捷文字转语音软件，把学生的想法以及评价意见及时记录在课堂中。希沃白板自带的"流程图"能让学生在课堂上更准确地表达其所设计的流程。

【教学活动设计】

教学环节一：课前准备

教师活动：公布课题"饭堂就餐流程的优化设计"并发布任务：以小组为单位，设计调查问卷，收集大家对饭堂就餐流程的评价与意见。

学生活动：学生利用问卷星等小程序设计问卷并收集整理相关信息。

技术、资源（含平台与工具）：问卷星。

设计意图：学生完成课前准备工作，为后续的流程优化设计起到支撑作用。

教学环节二：项目导入

教师活动1：播放学生就餐流程的视频。

教师提问："同学们，你们觉得现在饭堂的就餐流程怎样？需要优化吗？请你画出目前饭堂的就餐流程图。"

学生活动1：学生画出目前饭堂就餐的流程图。

技术、资源（含平台与工具）：Snap camera、手机。

设计意图：以视频导入的方式可以更直观地向学生展示就餐的流程，而用Snap camera则可以让视频更有趣。

教师活动2：教师提问："根据现在饭堂的就餐流程图以及你根据调查问卷所收集到的信息，你发现了什么问题？"

学生活动2：学生利用希沃白板中的流程图快速生成饭堂就餐的流程图。

技术、资源（含平台与工具）：希沃白板。

设计意图：学生在真实的情境中发现问题。

教师活动3：教师通过语音转化功能，把学生的发言迅速总结归纳进教学PPT。

学生活动3：学生在教师的引导下对饭堂就餐流程存在的问题各抒己见。

技术、资源（含平台与工具）：迅捷文字转语音软件。

设计意图：根据学生的观察以及调查结果快速生成优化流程的目的。

教学环节三：了解流程优化的基本因素、方法以及步骤（知识储备）

教师活动1：请根据我们总结的饭堂就餐流程中出现的问题，初步拟定此次的优化流程。

学生活动1：每个小组根据自己的见解，拟定本小组流程优化的目的。

设计意图：让学生在自己的项目中理解一般流程优化的目的是个性化、便捷性和优质体验。

教师活动2：邀请小组代表分享该小组拟定的优化目的。

学生活动2：小组代表发言。

教师活动3：教师总结凝练一般流程优化的目的。

教师提问："我们已经确定了流程优化的目的，下一步应该是什么？你认为流程优化的步骤是什么？"

学生活动3：学生发言。

教师活动4：教师根据学生的回答，归纳总结流程优化的一般步骤。

技术、资源（含平台与工具）：迅捷文字转语音软件。

设计意图：借用语音助手快速生成根据学生理解的流程优化的一般过程。

教学环节四：项目分析

教师活动1：教师利用PPT、视频等多媒体引导学生对流程的现状做进一步分析。包括背景分析（疫情、食物浪费等）、饭堂的就餐环境、学校现有的设备资源等。

学生活动1：学生在老师的引导下进一步对流程的现状进行分析，并把要点记录下来。

技术、资源（含平台与工具）：希沃白板。

设计意图：学生主动参与流程现状的分析，了解应从哪些方面分析。

教师活动2：教师提问："课堂开始，我们已经拟定了流程优化的目标，但是目标众多，有可能会出现矛盾，我们需要赋予每个目标一定的权重，并进一步确定优化的目标和要求，设计评价量规。"

学生活动2：小组讨论优化的目标和要求，并根据小组的讨论结果设计评价量规。

教师活动3：教师总结："流程优化的目的和要求是需要在充分了解与分析流程的现状以及各相关因素后，结合实际情况，综合考虑、权衡利弊后的结果。"

学生活动3：学生反思总结确定流程优化目标和要求的一般方法。

设计意图：学生亲身经历确定流程优化目标和要求的经过。在与课堂开始所拟定的优化目的对比下，理解确定流程优化目的的一般方法。

教学环节五：项目呈现与评价

教师活动1：教师辅助学生对流程进行优化，提示学生可以从以下几方面进行：

（1）对环节进行合并、删减、重排和简化。

（2）对流程时序进行调整。

（3）对环节和时序都进行调整。

学生活动1：小组交流并合作制订流程优化的方案。

教师活动2：邀请小组代表分享流程优化的方案。

学生活动2：学生利用平板实时向同学以及老师讲解方案。

技术、资源（含平台与工具）：希沃白板。

教师活动3：邀请同学根据评价量规对优化方案进行点评并提出改进意见，教师利用工具快速帮助每组学生记录评价及意见。

学生活动3：根据每组的评价量规对其优化方案进行点评。

技术、资源（含平台与工具）：迅捷文字转语音软件。

设计意图：语音助手可以辅助师生及时记录信息，供学生优化方案使用。

【板书设计】

饭堂就餐流程的优化设计。

项目分析：1.背景。

　　　　　2.目标。

项目设计：环节、时序。

项目优化：对现有流程进行梳理、改进和完善

"苹果的作画步骤"教学设计

肇庆市百花中学　雷明

课例类型：☑多技术融合环境　　□智慧教育环境　　□大单元模式
所属学科：美术　　　　　　　　使用教材：人美版高中美术选择性必修
所属学段：高一　　　　　　　　教学时长：40分钟

【课例简介】

"苹果的作画步骤"是教材第二单元第一课"认识多面绘画——绘画的工具与材料"延伸的一节素描静物混合实践探究课。通过本节课的学习，学生能够从学习苹果的作画步骤中理解苹果的结构变化，理解空间、体积和特征的表现形式，有助于学生为以后的美术实践打下基础。学生在本节课中，利用UMU互动学习平台，进行课前预习、小组探究和分层学习，理解苹果的结构特点，熟知苹果的作画步骤并将其应用于实际操作。本节课通过UMU互动学习平台进行教学，是当前教育信息2.0时代背景下的积极尝试，可以培养学生整体意识、促进学生关注物体结构、重视质感表现和画面完整性。

教学对象分析：经过一学期的艺术培养和熏陶后，高一学生对美术学科具有浓厚的兴趣，并具备基本的审美判断能力和一定的专业石膏绘画基础，为本节课奠定了坚实的知识基础与实践基础。但是学生在静物的整体观察、形体结构的理解和构图能力方面有所欠缺。

教学目标分析：本课旨在解决网络学习平台如何在线下教学中进行有效融

合的问题；同时解决学生对静物的形体结构进行识别分辨的知识问题，将作画步骤用于实践并通过小组讨论培育美术核心素养。

教学重难点分析及解决措施：本节课的教学重点是掌握苹果静物的形体结构。难点是探究应用苹果静物的作画步骤。根据学生特点，在教学过程中融入UMU线上学习平台以及学生每人一台平板电脑进行学习等信息技术辅助教学，旨在培养学生整体意识、促进学生关注物体结构、重视质感表现和画面完整性。

教学思路：课程分为课前预习—课中实践—课后巩固。

【主要教学策略】

1. 课前预习：在UMU互动学习平台发布预习任务，让学生了解苹果结构知识与苹果作画步骤关系，然后通过平台填写自测卷，收集学生作画的不足，为本节课更好地开展做足知识准备。

2. 课中实践：课中利用UMU互动学习平台发布学习活动，学生围绕苹果作画步骤问题进行讨论，学生互评，教师点评。学生利用平台观看微课视频进行自主学习，并进行讨论。教师根据苹果的四个作画步骤发布对应的活动实践绘画任务，让学生进行实践绘画，每完成一个活动任务学生之间进行互评，老师点评，针对能力不足的学生，教师给予帮助或停留在当前活动继续进行绘画。课堂实践作业上传平台，小组成员互评打分，获得最高分作品的作者进行发言分享，其他同学对优秀作品进行评价，老师进行点评分析。

3. 课后巩固：发布课后任务，制定分层次作业，针对不同层次学生基础，都能有很好的巩固作用。

【技术工具、平台、资源】

UMU互动学习平台、课堂多媒体。

【技术支持的教学设计思路】

课程分为：课前预习—课中实践—课后巩固。

【教学活动设计】

教学环节一：课前预习

教师活动：利用UMU互动学习平台收集学生情况。

学生活动：学生自主观看素描苹果结构微课视频学习，并进行线上讨论，完成自测。

技术、资源（含平台与工具）：UMU互动学习平台、课堂多媒体。

设计意图：为后续学习提供导向。

教学环节二：课中实践1

教师活动：教师在UMU互动学习平台发布学习任务给学生，进行素描苹果结构预习测试绘画，收集作品进行互评，老师点评。

学生活动：利用UMU互动学习平台上传测试绘画。

技术、资源（含平台与工具）：UMU互动学习平台、课堂多媒体。

设计意图：检测预习，导入主题。

教学环节三：课中实践2

教师活动：教师在UMU互动学习平台发布微课视频。

学生活动：学生利用UMU互动学习平台观看素描苹果作画步骤示范微课视频。

技术、资源（含平台与工具）：UMU互动学习平台、课堂多媒体。

设计意图：启发兴趣，讨论探究。

教学环节四：课中实践3

教师活动：教师点评。

学生活动：学生完成四个素描苹果实践绘画活动，每完成一个实践绘画活动，学生进行互评。

技术、资源（含平台与工具）：UMU互动学习平台、课堂多媒体

设计意图：及时反馈，点评修改。

教学环节五：课后巩固

教师活动：教师对作业进行分层设计，满足不同层次学生需要。

学生活动：学生利用UMU互动学习平台进行课后练习。

技术、资源（含平台与工具）：UMU互动学习平台、课堂多媒体。

设计意图：分层练习，逐一掌握。

【板书设计】

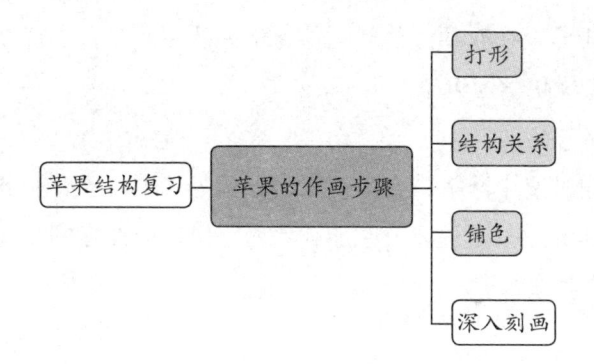

苹果结构复习 → 苹果的作画步骤 → 打形 / 结构关系 / 铺色 / 深入刻画

【教学反思】

1. 混合式教学，课堂效率高。

"苹果的作画步骤"作为"认识多面绘画——绘画的工具与材料"的拓展课，运用混合式教学方法，线上和线下相融合，充分利用UMU互动学习平台的优势，提高学生的课堂专注度，形成高效课堂。

2. 以生为本，有效导入。

在课堂自主预习阶段，学生以自身经验积累进行自测，通过平台让教师更好地收集学生数据，明确学生的知识水平和知识盲点，以此导入课堂，直接有效。

3. 生生互动，师生互动。

在课堂实施过程中，既有小组内部讨论、评价，形成生生互动；教师也参与评价和点评，做到师生良好互动。课堂中良好的互动是形成高效课堂的重要助推器。

4. 师生皆有所得，课堂效果良好。

学生在互动过程中有话可说，同时能够主动倾听他人的观点和乐意表达自身审美感受，获得观察的新视角，进而丰富其审美体验，提升其美术思维品质。所作素描实践绘画画面感强，课堂效果良好。教师在课堂中，通过积极与学生"对话"，获得对课堂的二次审视和反思，有利于自身专业发展和成长。

5. 教学评一体化。

本课借助UMU互动学习平台优势，使得"教—学—评"一体化成为可能。

在学生对每一步作画步骤进行讨论探究学习之后，教师能及时对学生呈现的步骤画法进行打分和评价，学生间也可以进行互评。在课堂教学中，教学与评价同时推进，能让学生在教师评价和同伴评价中认识到自身的优缺点，及时进行反思，不断调整优化学习策略。

6. 辅助网络有待加强。

由于多人同时使用网络，会出现网络卡顿等现象，导致有的学生播放视频不流畅，线上评价的时候没能及时加载界面。以后应加强网络配套硬件建设，保证课堂教学顺利进行。

"我的理想职业：多维职业探索之路"教学设计

肇庆市百花中学　邓谊灿

课例类型：☑多技术融合环境　　□智慧教育环境　　□大单元模式
所属学科：主题班会　　　　　　使用教材：广东高教版《高中生生涯规划》
所属学段：高三　　　　　　　　教学时长：40分钟

【课例简介】

本节课从学生认识职业选择需要考虑的因素出发，引导学生认识自己，知道自身兴趣爱好和潜力，结合主、客观因素，引导学生提前明确自己的理想职业，做好规划，为未来高考志愿填报做准备。

【教材及教学内容分析】

生涯规划是引导高中学生规划未来的一个重要课程，理想职业探索是生涯规划的一个重点内容。本节课内容的渗透，可以让学生清楚自身的职业优势及职业兴趣，从而明确今后的就业方向。

【教学对象分析】

高三学生除了面临学业压力之外，还有一个大挑战——高考志愿填报。选什么样的专业、选哪一所学校成为摆在学生和家长面前的一道难题，而未来的职业方向是影响高考志愿填报的重要因素。

【教学目标分析】

学习霍兰德职业倾向理论，通过霍兰德职业倾向测验认识自身的兴趣及能力点。通过小组讨论及分享的形式了解职业选择需要考虑的因素。结合对主观因素及客观因素的分析，发现自己较为适合的职业倾向。

【教学重难点分析及解决措施】

重点：

1. 了解霍兰德职业倾向理论，并能够对霍兰德职业倾向测验结果进行简单分析。

2. 讨论分享总结得出职业选择需要考虑的因素。

3. 分析得出适合自己的职业。

解决措施：提前一天把霍兰德职业倾向测验量表发给同学们填写，提前收集师兄师姐的职业建议视频，为同学们职业选择提供多方面的参照。

难点：

引导学生对主观因素、客观因素进行职业探索分析。

解决措施：课堂上利用关键词提问引导学生对自己的理想职业进行探索及思考，用小组讨论及分享等形式活跃课堂氛围，促进学生合作学习，共同进步。

【主要教学策略】

探究、归纳、小组合作学习。

【技术工具、平台、资源】

PPT、问卷星、爱剪辑视频剪辑工具。

【技术支持的教学设计思路】

利用网上信息搜索平台搜索与职业相关的新闻作为课堂引入，通过问卷星收集家长的最美工作照及父母对孩子的职业期待。通过爱剪辑视频剪辑工具对班会课视频素材进行剪辑。

【教学活动设计】

（一）导入

教师活动：请问你认识哪些职业？你未来想从事哪个职业？

学生活动：观看PPT，回答问题。

技术、资源（含平台与工具）：2022年10月11日《中国消费者报》新闻：人力资源社会保障部日前发布了《中华人民共和国职业分类大奖（2022年版）》，增设了金融科技师、密码工程技术人员等29个新职业，与2015年版大典相比净增158个新职业，职业数达到1639个。

设计意图：引发学生对未来职业的思考。

（二）父母最美工作照及父母对孩子的职业期待

教师活动：你们的父母已经走在职场道路，在各行各业发光发亮。请观看父母的最美工作照及家长对你的职业期待。

学生活动：思考——父母认可的职业就是你喜欢的职业吗？就是适合你的职业吗？

技术、资源（含平台与工具）：

（1）父母最美工作照。

（2）家长对学生的职业期待。通过问卷星收集家长对小孩的职业期待，并展示。

设计意图：让学生思考当自己的职业理想与家长的职业期待发生冲突时该怎么办。

（三）霍兰德职业倾向

教师活动：介绍霍兰德职业倾向理论及霍兰德职业倾向测验量表。

学生活动：

思考：兴趣与潜力不匹配怎么办？

思考：兴趣与能力匹配是否就可无忧？

技术、资源（含平台与工具）：课前一天发学生填写霍兰德职业倾向测验量表。

设计意图：让学生认识自己的职业潜能。

（四）职业选择的考虑因素

教师活动：教师总结职业选择的考虑因素。

学生活动：

（1）小组内讨论。

（2）小组外分享并展示。

技术、资源（含平台与工具）：黑板板书展示。

设计意图：让同学们全面了解职业选择所要考虑的因素。

（五）选择自己的理想职业

教师活动：从父母建议、霍兰德职业倾向测验量表显示的兴趣及能力点着手，引导学生充分分析主客观因素并与小组成员谈论交流，初步得出自己的理想职业。

学生活动：小组代表分享自己的职业之路的选择：父母期待我的职业是什么？霍兰德职业倾向测验量表显示的兴趣及能力点是哪种类型？自己现在选出的理想职业是什么？为什么选它？

技术、资源（含平台与工具）：霍兰德职业倾向测验量表。

设计意图：初步得出自己的理想职业。

（六）师兄师姐的职业道路建议

教师活动：播放已走上职场的师兄师姐对同学们的建议视频。

学生活动：观看视频《师兄师姐的职业道路建议》。

技术、资源（含平台与工具）：视频《师兄师姐的职业道路建议》。

设计意图：分析职业道路选择的考虑因素并对同学们进行职业价值观引导。

（七）教学总结

教师活动：课堂小结。

学生活动：倾听教师的总结。

技术、资源（含平台与工具）：PPT。

设计意图：深化并升华课堂内容。

（八）课后作业

教师活动：让学生课后根据本节课学习内容选出自己的理想职业，搜索该职业对应的专业及大学院校，树立高考目标。

学生活动：记录作业。

技术、资源（含平台与工具）：PPT。

设计意图：引导学生提前明确自己的理想职业，做好规划，为未来高考志愿填报做准备。

【板书设计】

我的理想职业——多维职业探索之路

① 最美工作照。

② 霍兰德职业倾向。

③ 职业选择的考虑因素。

第一，客观因素。

一是家庭因素（家庭背景、父母影响）；

二是社会因素（政治因素、经济因素、社会评价）。

第二，主观因素。

个人因素（兴趣、特长、价值观、性别）。

"职业规划：助力梦想启航"教学设计

肇庆市百花中学　朱滨鹏

课例类型：☑多技术融合环境　　□智慧教育环境　　□大单元模式
所属学科：主题班会　　　　　　使用教材：无
所属学段：高一　　　　　　　　教学时长：40分钟

【课例简介】

近年来，在国家的教育指引下，高中越来越重视学生的生涯规划课。而制订职业生涯规划对每个人，尤其是新高考下的高中学生来说是非常重要的，这能够让学生明确目标，同时激发学生的潜在意识与动力。本节课结合学生的实际，关注学生的规划，从学生珍惜时间出发，到学生表演小品、家长寄语、完成学习任务单等，结合多媒体软件，助力学生讨论、交流，让学生对自己的未来有一个初步的规划。

【教材及教学内容分析】

在国家的教育指引和方针下，随着新高考的推进，职业生涯教育已经成为学校教育不可或缺的一部分。

高一学生正处于分科阶段，涉及以后的学科选择，因此，让学生对自己未来的职业生涯做一个初步的规划是非常有必要的，起到了承上启下的作用。机会是偏爱有准备的人的，做好了职业规划，为未来职业做了准备，才会比没有准备的人机会更多。

【教学对象分析】

我校属于区薄弱学校，学生的自主学习能力较弱，行为习惯较差，大部分学生对自己的未来没有目标、没有规划，导致在学习上没有动力，内驱力不足。因此，对学生进行职业生涯教育显得非常重要，有助于提高学生的规划意识。制订学习目标，提高学生学习的内驱力。

【教学目标分析】

通过这一节职业规划生涯课，助力学生梦想起航，帮助学生在高中初始阶段就能预设好自己的人生规划。目标如下：

（1）了解生涯规划，树立规划意识。

（2）认识自我，初步认识职业。

（3）引导学生做好规划设计，为了未来规划高中三年。

【教学重难点分析及解决措施】

教学重难点：让学生通过这节课，真正体会到有规划的人生才能更出彩，将高中三年规划落到实处。

解决措施：学生完成学习任务单，对照自己填写的任务单，规划完成。

（1）个人基本情况。

（2）我的理想职业。

（3）就业前景。

（4）从业要求。

（5）高中三年的规划。

【主要教学策略】

协作学习、分组讨论、小组合作、角色扮演。

【技术工具、平台、资源】

希沃多媒体平台。

【技术支持的教学设计思路】

职业启蒙→职业认知（有什么职业）→我喜欢什么职业（兴趣，性格）→规划：例子展示；如何规划→自我规划→家长寄语→小结升华（完成学习任务单并展示）。

【教学活动设计】

1. 游戏导入：生命的长度。
2. 了解职业规划。
3. "职为你来"小品。
4. 榜样力量引领。
5. 爱·守护·远行。
6. 我的未来不是梦。

【教学过程】

教学环节：职业启蒙—职业认知—职业选择—例子展示—规划设计—家长寄语—小结升华。

教师活动：分发纸条—介绍职业规划—介绍职业种类—小品设计—介绍设计思路—播放视频—发放任务单。

学生活动：撕纸条—了解思考—职业选择—观看小品—尝试设计—观看视频—完成任务单。

技术、资源（含平台与工具）：纸条、多媒体PPT、稿子、任务单。

设计意图：职业规划可以引领、助力学生梦想起航，让学生在高一开始就对自己未来高中三年做好初步规划。本节课教学目标清晰，教学重难点明确，学生能够通过这节课，真正体会到有规划的人生才能更出彩。教师的教学语言通俗易懂，板书概括了关键点，条理清楚，同时在课堂中运用了多媒体教学，如背景音乐、家长寄语视频，充分将现代化设备与课堂相结合。在课堂中，教师用精练的语言带动学生去思考，学生主动性较高、参与感强，特别是在表演小品时，引发学生兴趣，通过简短的小品了解到求职路上的不容易，从而认识到未来的职业规划尤为重要，机会是留给有准备的人的。整体上这是一节完整、优秀的课，学生能够积极参与到课堂中来，通过这一节课，能做好自己的职业规划和高中三年规划。

【板书设计】

职业规划——助力梦想启航

① 自我认识。

② 职业规划——实例、榜样。

③ 爱·守护·远行。

④ 完成任务单。

"寻找火种，准备发光"教学设计

肇庆市百花中学　欧敏桃

课例类型：☑多技术融合环境　　□智慧教育环境　　□大单元模式
所属学科：主题班会　　　　　　使用教材：无
所属学段：高一　　　　　　　　教学时长：40分钟

【课例简介】

高中生都有一个共同的目标就是考大学，但是不少学生对自我没有一个清楚的认识，没有明确的大学目标，从而导致学生在学习过程中因为感到大学离自己太过遥远而缺乏动力。本节班会课通过SWOT分析法，让学生分析自己的优势和劣势，从自己的情况出发，找到高中三年为之努力的目标，并且在以长期目标为努力方向的基础上，确定本学期的短期目标，具体细分到下一次考试前不同科目可以提分的方向，制订目标卡，步步落实，以目标促进步。有目标的、行之有效的学习目标和计划指导会让学生明确规划的意义，正确认识自身的个性特质、潜在的资源优势，帮助学生清晰自己的目标，具体可行的计划使其持续保持学习的动力和激情。本节班会课学生参与度高，收获颇丰，效果显著。

【教材及教学内容分析】

本课是基于学生的职业生涯规划引申出来的高中目标规划，高中的努力是未来选择大学和择业的基础，因此，高中学生需要学会制订规划，知道自己未来目标的同时，也要知道如何将目标落实。本节课主要通过四个活动引导学生思考，长期目标和短期目标的制订以及目标落实过程的具体步骤，填表的方式便于学生课后落实，能够达到较好的效果。

【教学对象分析】

本节课面对的学生是高一新生，对刚进入高中的学生而言，他们都有着考一所好大学的目标，对大学有着美好的憧憬。但是大学对他们而言仍然是一个模糊的概念，学生对不同的大学和专业认识比较模糊，对自身的定位也不够清晰明确。因此，在制订目标和计划之前需要对不同类型的大学、专业以及就业方向有一个简单的认识。同时，部分学生没有制订计划的经验并且行动力较低，要给学生一些案例，让学生认识到什么样的计划才是有效的、可行的，还要引导学生相互督促，共同进步。

【教学目标分析】

1. 让学生知道"认识自我""确立目标""制订计划"的重要性及意义。
2. 让学生通过自我分析，结合自身学习和兴趣确立大学目标。
3. 指导学生根据与目标的差距，制订具体的、可行的、细化的计划。
4. 埋下希望的种子，激发学生为高考努力学习的动力。

【教学重难点分析及解决措施】

本节课重点和难点在于学生填写"我的目标卡"和"未来21天的学习计划"表格，学生往往填写得比较模糊，不够具体，不能很好地分析自己的现状和目标。因此，在填表之前给学生展示一些例子，包括优秀的例子和不恰当的例子。为了加强课堂中学生之间的互动，鼓励学生之间讨论、分享。

【主要教学策略】

学生自主思考策划，小组合作相互督促。

【技术工具、平台、资源】

1. 班级奖状《肇庆市百花中学厨艺大比拼三等奖》及活动照片。

2. SWOT分析法表格与例子。

3. 视频《广州大学宣传片》。

4. 表格"我的目标卡"。

5. 表格"未来21天的学习计划"。

6. 信封和信纸。

【技术支持的教学设计思路】

结合班级的实际情况，用班主任的心路历程和班级的共同活动记忆，带领学生走进课堂，抓住学生的注意力。同时在活动设计上通过"认识自我""长远目标""短期目标""具体计划"四个活动，循序渐进，步步落实，并且每一个活动都提供表格资料，让学生活动有所依托，从而达到共同参与的效果。

【教学活动设计】

教学环节一：引入课堂，激发兴趣（3分钟）

教师活动：展示——班级获得的第一个奖状《肇庆市百花中学厨艺大比拼三等奖》，同时也是本班获得的第一个奖项，意义重大。

学生活动：分享——参加比赛的学生分享参赛的整个过程、收获和感受。

技术、资源：班级奖状《肇庆市百花中学厨艺大比拼三等奖》及活动照片。

设计意图：用学校举办的活动引入，学生深有体会，能够引起学生的兴趣和共鸣。同时指出该奖项是本班的第一个奖项，激发学生的集体荣誉感。

教学环节二：剖析现状，自我分析（8分钟）

教师活动：介绍SWOT分析法；用SWOT分析法，以自己为例进行分析（评估自我的优点和缺点，找到自己的机会和威胁）。

学生活动：了解SWOT分析法；了解具体分析方法。

技术、资源：SWOT分析法表格与例子。

设计意图：引导学生对自己的优缺点进行全面的分析。帮助学生认识自我。班主任借此契机对学生表白，加强师生之间的情感联系。

教学环节三：明确目标，找到方向（12分钟）

教师活动：播放视频，介绍不同大学院校的特点，根据本班学生的学习情况，介绍四所大学：肇庆学院、广东理工学院、广东轻工职业技术学院、深圳信息职业技术学院。

学生活动：观看视频、分享感受。

技术、资源：视频——《广州大学宣传片》。

设计意图：播放视频引起学生兴趣，激起学生对大学生活的憧憬，激发学生制订目标和计划的动力。

教师活动：下发目标卡，介绍填写方式，展示模糊的、不切实际的计划，如"学好数学"等。

学生活动：学生填写目标卡并上台分享。

技术、资源："我的目标卡"表格。

设计意图：告诉学生应该如何制订有利于自己提升和落实的计划，鼓励分享，引导学生相互学习。

教学环节四：厘清思路，奋力奔跑（12分钟）

教师活动：展示不同情况计划安排，说明计划只有在具体的、可行的前提下才更有可能达成。

学生活动：跟自己的好朋友或者同桌分享自己的计划，并邀请对方监督自己，将表格贴在桌上。

技术、资源："未来21天的学习计划"表格。

设计意图：学生与同学分享自己的计划，将个体放在群体环境中，鼓励学生相互督促，有利于营造积极向上的班级氛围。

教学环节五：写给自己，未来可期（5分钟）

教师活动：布置课后作业：给高考前自己的一封信，做总结陈述。

学生活动：回顾、共情。

技术、资源：发放信封和信纸。

设计意图：情感升华，让学生在课后进一步思考应该怎么做，提高学生的信心和动力。

【板书设计】

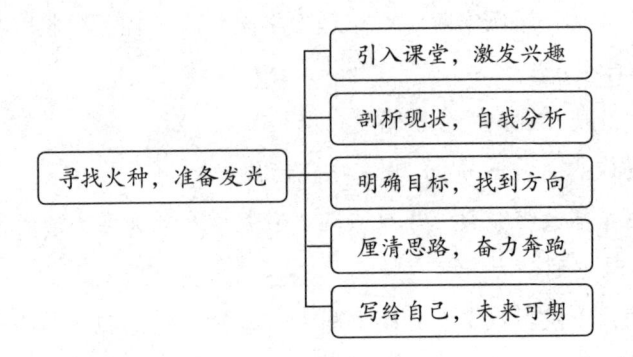

寻找火种,准备发光
- 引入课堂,激发兴趣
- 剖析现状,自我分析
- 明确目标,找到方向
- 厘清思路,奋力奔跑
- 写给自己,未来可期

端州篇

"议论要有现实针对性"
教学设计

肇庆市端州中学　王祥翔

课例类型：☑多技术融合环境　　□智慧教育环境　　□大单元模式
所属学科：语文　　　　　　　　使用教材：人教版高中语文必修上册
所属学段：高一　　　　　　　　教学时长：40分钟

【课例简介】

1. 教学设计理念：通过网络信息，学生关注了解时代热点，关注社会现实，做好课程基础和学习高中语文必要的能力基础。针对高一学生面临的议论文写作难题，从议论要有针对性入手，让学生对议论文写作有初步了解。

2. 教学策略：以教材为基础，通过所学课文的引入、范文的合作探究，师生共同探讨出写作方法，讲练结合，进行课堂写作与展示探究。

3. 实施效果及推广应用情况：通过课内文章和范文的学习，当堂写作和点评，学生对课堂重点有了较好掌握，提高了学生写作的兴趣和写作能力。

【课程框架】

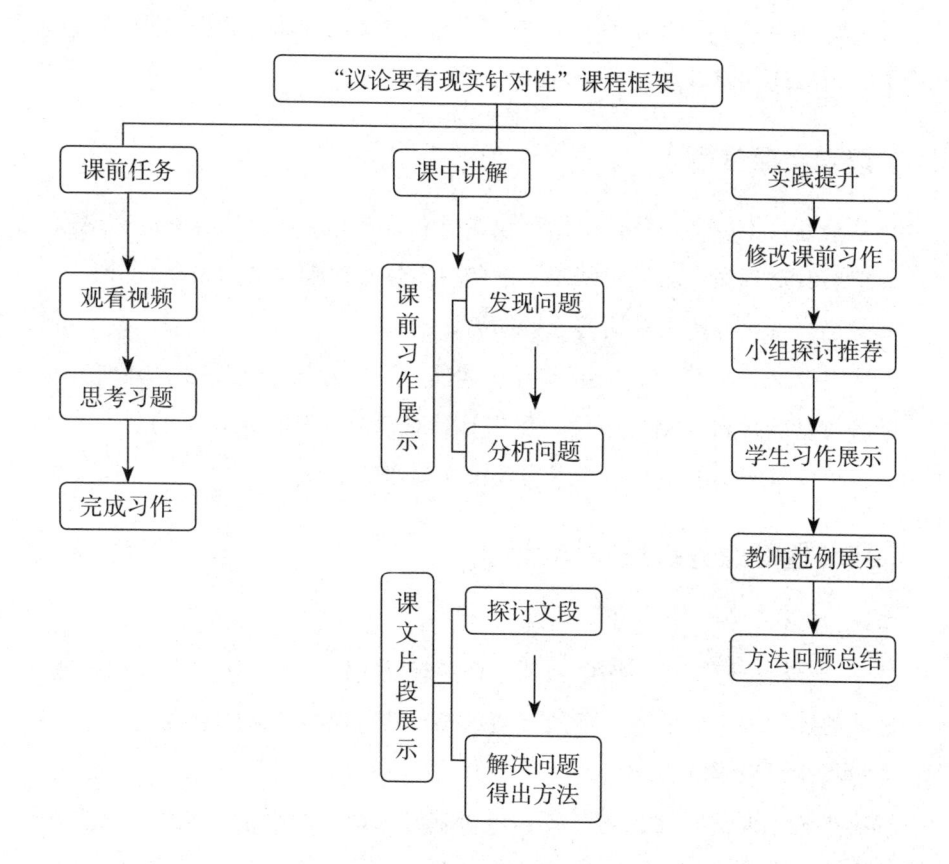

```
                    "议论要有现实针对性"课程框架
        ┌───────────────────┼───────────────────┐
     课前任务            课中讲解            实践提升
        │                   │                   │
     观看视频         ┌─ 发现问题 ─┐         修改课前习作
        │          课前      ↓                  │
     思考习题      习作    分析问题          小组探讨推荐
        │          展示                         │
     完成习作                               学生习作展示
                   ┌─ 探讨文段 ─┐              │
                  课文     ↓                教师范例展示
                  片段  解决问题                │
                  展示  得出方法            方法回顾总结
```

【教材及教学内容分析】

本节课的内容出自人教版高中语文必修上册第六单元写作教学：议论要有针对性之议论的现实针对性。针对现实问题，提出自己具有现实意义的观点，联系实际，进行合理的论述。议论文要为现实发声，可从最近发生的新闻事件，人们关注的、值得关心的、具有争议的现象或问题入手，发掘议论的对象，对其进行分析论证。保持对时代和社会的高度关注、广泛阅读热点时评、积累运用素材。

【教学对象分析】

1. 知识构建：高一年级学生较初中而言，有了全新的认知，已经能够对事

99

物和现象发表自己的看法，高中作文写作以议论文为主，需要学生掌握更有现实针对性的议论的相关知识。

2. 学习方法：高一年级学生处于初中与高中的衔接点，大部分学生还使用初中的学习方法，对自主互助学习的运用还有所欠缺。

【教学目标分析】

1. 学会在议论性文章写作中做到议论具有现实针对性，客观辩证地说理。
2. 能够针对现实中的社会现象，准确提出具有现实意义的观点。
3. 提高逻辑思维能力和语言表达能力。
4. 学生进入高中以后，需要掌握论述能力，学习议论文写作，如何针对现实中的各种社会现象和新闻事件，提出有针对性的、有现实意义的观点，在写作中不偏离材料所给的中心，是学习议论文写作的重点。

【教学重难点分析及解决措施】

重难点分析：

1. 学会在议论性文章写作中做到议论具有现实针对性，客观辩证地说理。
2. 能够针对现实中的社会现象，准确提出具有现实意义的观点。
3. 提高逻辑思维能力和语言表达能力。

解决措施：课前布置预习任务，进行基础知识学习讲解。课堂上有针对性地进行教学，讲练结合，学生点评，互助学习。

【主要教学策略】

以学生为主体，教师为主导，讲练结合，合作探究。

【技术工具、平台、资源】

网络资源，升学e网通，希沃白板。

【技术支持的教学设计思路】

1. 通过升学e网通布置相关练习，掌握学生学习情况。
2. 学生利用网络平台，积累相关素材。

3. 通过希沃白板进行课堂互动教学。

4. 在学生习作过程中，利用希沃平台快速将学习作品传至平台，学生点评修改。

【教学活动设计】

（一）课前任务

教师活动：

（1）发布课前写作任务：十几年前，大部分学生的梦想是当科学家，当医生……但在今天，有很多学生最向往的新兴职业是主播和网红。"读书不如当网红，高考不如去整容"。

新兴的短视频和直播平台正帮助越来越多的普通人获得经济来源甚至一夜成名。与此同时，网红月入百万、月入千万的新闻屡见不鲜。对挣扎在题海中的学生们来说，这条"捷径"充满了诱惑。

以上现象引发了我们深思，假如你身边的同学出现了关于"读书无用论"的错误倾向，你将如何"劝学"呢？写一个200字左右的议论文段。

（2）收集、批改学生习作。根据学生习作出现的问题进行有针对性的二次备课。

学生活动： 积累素材，学习议论文相关知识并根据课前任务写出文段。

技术、资源： 网络平台和升学e网通。

设计意图： 让学生对议论文的相关知识有所了解。通过习作了解学生对所学知识的掌握程度。

（二）课堂引入、课前任务反馈

教师活动：

展示、讲解有代表性的课前学生作业，指出主要问题：首先，没有针对现实现象进行分析。其次，现象选取有误，现实针对性、逻辑性不强。最后，提出学习目标——能够针对现象，客观辩证说理，准确提出具有现实意义的观点，写出有现实针对性、有逻辑性的议论文段。

学生活动： 与教师、同学一起分析探讨作业，发现问题。带着问题进入接下来的学习。

技术、资源： 希沃平台。

设计意图：通过典型片段的展示讲解，了解自身学习问题，使课堂学习更有针对性。

（三）方法探究与总结

教师活动：

根据学生课前任务出现的问题，展示、评讲课内范文《反对党八股》片段："党八股的第一条罪状是：空话连篇，言之无物。……我们应该研究一下文章怎样写得短些，写得精粹些。"

学生活动：

（1）齐读《反对党八股》选文，思考：毛泽东是如何针对"空话连篇，言之无物"这一现实情况，层层深入，展开论述，最后确立观点的？

（2）通过探究得出"摆现象、挖根源、谈危害、立观点"的由现象到本质的写作分析方式。

技术、资源：希沃平台。

设计意图：学生结合议论针对现实的理解，合作探讨范文好在什么地方，有什么是值得学习的，最后得出写作方法。

党八股的第一条罪状：空话连篇，言之无物。我们有些同志欢喜写长文章，但是没有什么内容，真是"懒婆娘的裹脚，又长又臭"。为什么一定要写得那么长，又那么空空洞洞的呢？只有一种解释，就是下决心不要群众看。因为长而且空，群众见了就摇头，哪里还看得下去呢？只好去欺负幼稚的人，在他们中间散布坏影响，造成坏习惯。去年六月二十二日，苏联进行那么大的反侵略战争，斯大林在七月三日发表了一篇演说，还只有我们《解放日报》一篇社论那样长。要是我们的老爷写起来，那就不得了，起码得有几万字。现在是在战争的时期，我们应该研究一下文章怎样写得短些，写得精粹些。	摆现象 挖根源 谈危害 立观点	个人、社会、国家等 方法：举例论证、对比论证等 基于客观现实，正面提出观点：文章应该写得短而精

（四）写作实践探究

教师活动：

展示课前布置的写作任务，对课前任务进行分析讲解，总结方法。第一步，明确针对的现实：一是出现新兴职业主播和网红；二是新兴的短视频和直播平台：一夜成名；三是网红经济的火爆：一夜暴富；四是"做网红这条捷径轻松多了"。第二步，明确说理思路——由表及里，层层深入。

学生活动：结合所学方法，针对自己文段中的问题，修改课前作业文段，进行小组探讨，推荐优秀篇目上台展示。

技术、资源：希沃平台。

设计意图：将所学方法运用到现实写作中，通过小组探讨，相互学习发现自身的优势与不足。

（五）课堂展示（教师、学生）与课程总结

教师活动：

（1）引导学生对修改后的文段进行展示和点评。

（2）展示教师文段并点评。

新兴短视频和直播平台催生了一批一夜成名的网红，有部分人甚至能月入百万元、千万元。于是，有青少年认为"读书不如当网红"。（摆现象）

这是典型的"读书无用论"。为什么"00后"会有这样的想法呢？其原因是只想走捷径、想着"天上掉馅饼"这类中大奖式的心态在作祟。（挖根源）

若任由这样的思想泛滥，会造成青少年价值观扭曲，不利于青少年的健康成长。（谈危害）

网红暴富其实只是小概率事件，并不能被绝大多数人复制。在大数据时代，高学历和高收入已成正比。张桂梅用读书帮助上千名大山女孩改变贫穷的命运。如果人生之路真的有捷径，我认为读书是改变命运最好的路！（立观点）

（3）布置课后练习。

学生活动：一是学生展示文段，阐述写作思路。二是学习教师文段。三是总结本节课所学知识。

技术、资源：希沃平台。

设计意图：复习巩固，检验学生对课堂所学知识的掌握程度；通过上台展示，锻炼学生的思维和表达能力。

【板书设计】

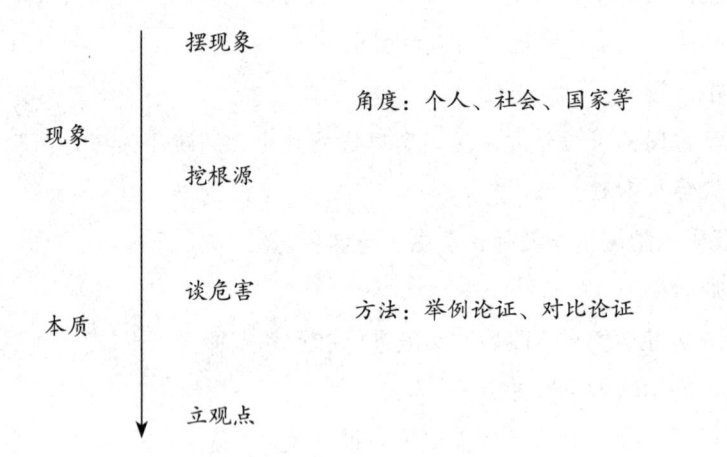

现象 ｜ 摆现象
　　　｜　　　　　　角度：个人、社会、国家等
　　　｜ 挖根源

本质 ｜ 谈危害
　　　｜　　　　　　方法：举例论证、对比论证
　　　↓ 立观点

"直线与平面垂直（第1课时）"教学设计

肇庆市端州中学　廖伟东

课例类型：☑多技术融合环境　　□智慧教育环境　　□大单元模式
所属学科：数学　　　　　　　　使用教材：人教版高中数学必修第二册
所属学段：高一　　　　　　　　教学时长：40分钟

【课例简介】

本课例是基于核心素养的"互联网+"高中数学高效课堂教学设计，深度融合多种信息技术辅助教学，通过"问题启发式+小组合作探究式"的教学方法，引导学生在探索问题情境时，合理运用数学的逻辑思维和推理论证方法。设计小组合作探索判定定理、线面角的关系等任务，让学生在"做数学"中培养创新意识和数学建模思想，并在探究过程中体会三维空间与二维平面的转化以及线面关系和线线关系的转化，领悟"以简驭繁"的转化思想。

【教材及教学内容分析】

本节课是在学习了空间直线与直线、直线与平面、平面与平面平行的基础上，研究空间另一特殊位置关系——直线、平面的垂直。本节课首先要引导学生理解"直线与平面垂直的概念"，然后类比线面平行的研究方法，引导学生对空间直线与平面垂直关系进行探讨。最后通过模型的搭建，在动手操作中引导学生探究直线与平面所成角的关系，从而引出线面角的概念。本节课要培养的重点核心素养是逻辑推理和数学建模，通过对判定定理和其推论的证明，加强学生的逻辑思维能力和推理论证能力。

【教学对象分析】

教学对象是高一年级学生，他们已经具备了学习本节课所需的必备知识，同时已经具备通过观察、操作等数学活动抽象概括出数学结论的能力，有一定的自主探究能力，对空间概念的建立有一定的基础。

【教学目标分析】

知识与技能：

1. 理解直线与平面垂直的意义，理解点到平面的距离、直线与平面所成角的概念。

2. 探索并了解直线与平面垂直的判定定理，能应用判定定理证明直线和平面垂直的简单问题，能求简单的直线与平面所成角的度数。

思想与活动经验：

1. 充分发挥学生的空间想象能力，能借助问题情境和现实情境发现数学规律。

2. 通过类比平面的相关知识，借助图形的性质和变换正确分析问题。

情感态度与价值观：

1. 体验"空间问题转化为平面问题""线面垂直转化为线线垂直"，感悟数学中"以简驭繁"的转化思想。

2. 能够借助正方体模型探索解决问题的思路，在关联的情境中经历数学建模的过程，逐步提高学生的数学学科素养。

行为与创新：

1. 能够借助模型进行课前小组合作探究。

2. 学会用建模的思想进行数学思考，并能利用互联网进行跨学科探索。

【教学重难点分析及解决措施】

教学重点：

1. 直线与平面垂直定义的掌握。

2. 直线与平面垂直的判定定理的发现、验证和应用。

3. 直线与平面所成角的概念及其应用。

教学难点：体会定义和定理中所包含的转化思想与"以简驭繁"的转化思想。

解决措施：融合"互联网+"技术辅助教学，通过创设问题情境，有效引导学生整合空间几何的相关知识。设计小组合作探索判定定理、线面角的关系，让学生在"做数学"中培养创新意识和数学建模思想，领悟"以简驭繁"的转化思想。

【主要教学策略】

本节课采用"问题启发式+小组合作探究式"的教学方法，遵循"直观感知——小组探究——归纳总结"的认知规律，力求做到科学、灵活和有效地引导教学。

【技术工具、平台、资源】

希沃白板、班级优化大师、互联网视频、希沃互动课件、实物模型。

【技术支持的教学设计思路】

本节课运用了"互联网+"信息技术创新融合教学。教师首先根据教学目标精心设计课前学习任务，精选教学微视频，以任务驱动、问题导向的方法，让学生在课前进行小组任务式学习，逐步养成自主学习和合作探究式学习的习惯。在课堂上，创设具有真实地方特色的视频情境，勾起学生对整节课的学习兴趣，让学生带着问题去学习。然后师生在课堂内交流、巩固知识，通过小组合作展示课前学习成果，科学地探究有实际意义的问题，拓展学生抽象思维的维度，发展学生的数学思维能力，从而让学生达到对新知识的深度内化，使课堂更高效，更好地促进学生思维能力、核心素养的提升。在课堂上，引入班级优化大师的加分激励机制，利用希沃课件设计小组PK学习活动，以学生发展为中心，关注教与学的互动性，关注网络支持环境的建设，强调教学信息化的融合与创新，更关注培养学生的核心素养。有效的"互联网+"教学，能够将知识与技能、思想与活动、情感态度与价值观和行为与创新四维目标立体融合，并促进学生核心素养的全面发展。

【教学活动设计】

教学环节一：创设问题情境引入定义

教师活动1：利用互联网精选具有本地地方特色的《仙女湖日晷介绍》视频，并展示学生非常熟悉的校园旗杆图片，由情境引入并提出两个问题：①日晷的晷针和晷盘有什么位置关系？如何验证？②日晷的晷针和地面所成的角是多少度？如何测量？引导学生观察直立于操场上国旗杆的立柱与它在地面影子的关系，然后将其抽象为几何图形，让学生用数学语言和图形语言进行精确描述，归纳出直线与平面垂直的定义，并引出垂线、垂面、垂足等概念。

学生活动1：观看《仙女湖日晷介绍》视频和观察图片，思考问题，通过视频和图片观察日晷的晷针与晷盘的位置，归纳出直线与平面垂直的定义，能用数学语言和图形语言对定义进行精确描述。

文字语言：（学生归纳）

1. 图形语言：

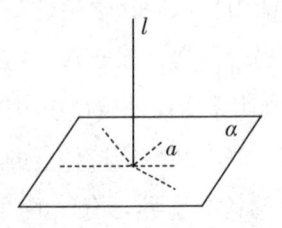

2. 符号语言：$\forall a \in \alpha, l \perp a \Rightarrow l \perp \alpha$

双向性：$l \perp \alpha, a \subset \alpha \Rightarrow l \perp a$

简记为：线面垂直→线线垂直

教师活动2：设计问题串追问学生。

（1）定义中的"任意"可以改为"无数"吗？

（2）如何否定一条直线与平面垂直？

（3）如果直线与平面垂直，那它垂直于平面内的所有直线吗？

学生活动2：小组合作共同讨论，直观感知和操作确认"过一点垂直于已知平面的直线有且只有一条"，进而得出垂线段、点到平面的距离的概念。顺势介绍棱锥体积公式中，棱锥的高就是棱锥的顶点到底面的距离。

设计意图：通过观看日晷视频，提高学生的学习兴趣，让学生学习数学知识的同时领略数学文化，感受中国古人的智慧，并尝试用数学建模的思想把实际应用与数学模型联系起来，促进学生核心素养的养成。通过"具体形象—几何图形—数学语言"的过程，学生体会定义的合理性。教师通过问题串引导学生举出反例，加深学生对线面垂直定义的理解，并清楚可以从线面垂直得出线线垂直的重要性质。类比平面几何有关性质，结合直线与平面垂直的定义，给出空间类似的性质，既呼应前面棱锥的高的概念，也为后面"平面与平面的垂直的性质"定理的"探究"做出必要的铺垫。

教学环节二：小组探究与演示，归纳出直线与平面垂直的判定定理

教师活动：

教师在课前已布置学生以小组合作形式利用三角形纸片探究、发现直线与平面垂直的判定定理，请一个小组作为代表上台演示。在学生演示过程中，教师在台下，提问1：直线与平面内的一条直线垂直或两条直线垂直或无数条直线垂直能判定线面垂直吗？（引导学生举出反例）提问2：为什么要垂直于两条相交直线呢？（引导学生从基本事实做出推论，平面可以看作由两条相交直线唯一确定的，也可以结合平面向量基本定理说明。）

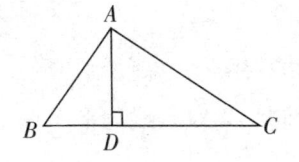

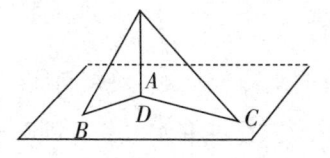

学生活动：推荐一个小组成员上讲台用三角形纸板展示判定定理的研究成果，然后分别用文字语言、图形语言和符号语言表示直线与平面垂直的判定定理，并利用正方形模型举例说明它的应用。

文字语言：（学生归纳）

1. 图形语言：

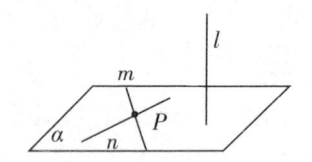

2. 符号语言：$m \subset \alpha$，$n \subset \alpha$，$m \cap n = P$，$l \perp m$，$l \perp n \Rightarrow l \perp \alpha$

设计意图：引导学生通过实践操作，提出直线和平面垂直的判定定理，这一定理在本章不需要证明，而是在选择性必修课程"空间向量与立体几何"中进行证明。因此，学生对判定定理的猜想后，教师通过追问，提出对此定理进一步解释的问题，以使学生确认此定理的正确性。此设计让学生体会直观感知、操作确认、思辨论证的数学研究过程，发展其直观想象素养。

教学环节三：巩固训练

教师活动：

教师把巩固练习设计成6道判断题，并利用希沃课件制作成互动PK活动，通过小组PK的形式活跃课堂气氛，同时检测学生对直线与平面垂直的定义和判定的初步理解。

巩固练习1：请两个小组派代表上台进行PK赛。

例题：

求证：如果两条平行直线中的一条直线垂直于一个平面，那么另一条直线也垂直于这个平面。

提问学生，讲解思路，教师板书过程，指出证明直线与平面垂直的注意事项。

巩固练习2：如图，在正方体$ABCD-A_1B_1C_1D_1$中，求证：$BC_1 \perp$ 平面A_1DCB_1。

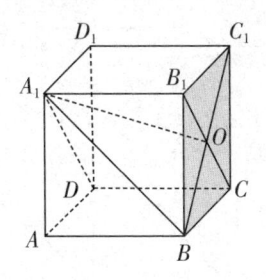

（请学生上黑板板书。）

学生活动：以小组推荐形式在电子白板上参加小组PK赛完成巩固练习1；学生代表上讲台板书巩固练习2。

设计意图：通过小组PK的形式活跃课堂氛围，同时设计判断题能加深学生对定义和判定定理的理解。教师通过例题的讲解，巩固学生对直线与平面垂直的判定定理的理解，并通过巩固练习1的设计，让学生熟悉线面垂直的定义和判定通常是结合运用的。而巩固练习2的设计是为学习直线与平面所成的角做铺垫。

教学环节四：直线与平面所成角及其应用

教师活动：

（1）提出问题：直线与平面不垂直时，如何表示这种情况呢？给出斜线的概念，引导学生观察发现，斜线与平面相交的位置关系的不同在于它们相对于平面的"倾斜程度不同"，进而给出直线与平面所成角的概念，并用它来表示斜线和平面的位置关系。

追问：这条直线和平面所成的角的大小关系是什么？

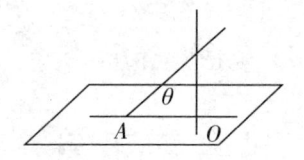

（2）讲解如图，在正方体$ABCD-A_1B_1C_1D_1$中，求直线A_1B和平面A_1DCB_1所成的角。

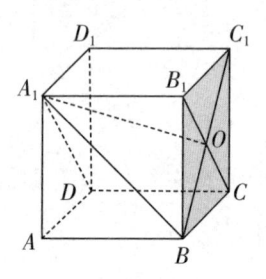

教师引导学生先找到或做出直线A_1B在平面A_1DCB_1上的射影（抓住斜足与垂足），再指出哪个角为直线与平面所成的角，并利用正方体的性质求出这个角的度数。

（3）设计高考题，让学生能真正学透活用。

（2020年新高考山东卷）日晷是中国古代用来测定时间的仪器，利用与晷面垂直的晷针投射到晷面的影子来测定时间。把地球看成一个球（球心记为O），地球上一点A的纬度是指OA与地球赤道所在平面所成角，点A处的水平面是指过点A且与OA垂直的平面。在点A处放置一个日晷，若晷面与赤道所在平面平行，点A处的纬度为北纬40°，则晷针与点A处的水平面所成角为（　　）。

A. 20°　　　　B. 40°　　　　C. 50°　　　　D. 90°

学生活动：首先，在老师问题串的引导下理解直线与平面所成角的概念，同时建立一条斜线在平面上的射影的概念。其次，通过例题的学习，内化和巩固直线与平面所成角的知识点。最后，通过对高考题的思考，进一步深化巩固本节课的知识点，提高自身的空间想象能力和分析问题、解决问题的能力。

设计意图： 让学生感受空间向平面转化的思想。通过例题教学，巩固直线和平面所成角的概念以及直线和平面垂直的判定定理，结合题目的分析，培养学生养成回顾定义、思考问题的意识，并引导学生形成从特殊情形入手解决问题的习惯。该高考题以真实问题情境日晷为背景，设计目的是培养学生空间想象能力和分析问题、解决问题的能力，体现了空间问题转化为平面问题的思想和数学文化育人的价值。

教学环节五：课堂小结和布置作业

教师活动：

教师引导学生归纳本节课所学的内容，并设计两个创新型作业：一是以小组为单位探究正方体中的直线与平面垂直的问题和直线与平面所成角的问题，自主命题，并配以标准答案，用来考查其他小组；二是利用周末假期以小组为单位走进肇庆市国家湿地公园（仙女湖），进行"探寻日晷"项目式跨学科学习，并撰写学习报告。

学生活动：

归纳出本节课的学习内容：直线与平面垂直的定义；点到直线距离的概念；直线与平面垂直的判定定理；直线与平面所成角的概念，并对老师布置的两个创新作业进行小组分工合作完成。

设计意图： 通过课堂小结，梳理本节课的知识，学生养成归纳反思的习惯，帮助学生对知识进行系统化、结构化整理。课后的作业设计为开放性作业，借助正方体模型探索解决问题的思路，把数学建模的过程变得具体化，增强其可操作性，提高学生的数学学科核心素养。

技术、资源（含平台与工具）： 互联网环境、《仙女湖日晷介绍》视频资料、希沃白板、希沃互动课件、班级优化大师、三角形纸板、正方形模型。

【板书设计】

直线与平面垂直的定义 点到直线距离的概念 直线与平面垂直的判定定理 直线与平面所成角的概念 （包含图形语言和符号语言）	课件展示	例3讲解 巩固练习2学生板书 例4讲解

"DNA的复制"教学设计

肇庆市端州中学　龙丽萍

课例类型：☑多技术融合环境　　□智慧教育环境　　□大单元模式
所属学科：生物　　　　　　　　使用教材：人教版高中生物学必修2
所属学段：高一　　　　　　　　教学时长：40分钟

【课例简介】

"DNA的复制"一直以来都是生物学科教学中的重点。授课的对象是高一的普通班学生，学习能力相对薄弱，基础也不太牢固，需要老师的多方指导。本节课以"自主探究—小组互助—课后延伸"为主线，通过引导学生独立提出问题，制订并完善实验方案、实验操作等活动体验，突出对学生在课堂探究实验中的积极性、建构性和反思性等能力的培养。

本着"先学定后教，三测促精熟"的教学理念，本节课先借助七天网络平台，布置课前预习任务，并收集数据进行学情诊断以及预习分析，同时设计导学案让学生进行预习，在导学案中进行DNA复制两种假说的探究。学生在阅读课本知识的情况下，先写了自己的探究结果，课堂上学生进行分组探究构建模型并交流学习，发动小组力量，推选两个小组的探究成果进行展示。重点知识是DNA的复制过程，通过希沃白板进行动画演示和视频展示，帮助学生解决学习问题。最后借助视频《人民英雄》引导学生树立正确的人生观，并对学生提出了期望，希望他们能热爱生物、学习科学家精神。

多技术融合环境中的教学更能促进学生直观地学习知识，并懂得运用各种知识和资源来解决实际问题，可以培养学生的核心素养，帮助学生树立正确的价值观。

【教材及教学内容分析】

本节课是在学习了DNA结构的基础上进行的进一步学习，有承前启后的作用。"DNA的复制"一课，在学习DNA结构的基础上，进一步阐明DNA通过复制传递遗传信息的特性。单一DNA分子通过复制变成两个DNA分子，再随着细胞的分裂遗传给子代细胞。DNA的复制，与细胞的有丝分裂、减数分裂以及第五章的基因突变、基因重组，还有第6章的生物进化等内容有密切的联系，因此，本节课在教材中占有重要的地位。DNA的复制也是选择性必修内容基因工程中PCR技术的基础，学好本节课为学习PCR技术打下了基石。

【教学对象分析】

本次授课对象是普通班学生，他们对知识的理解能力相对薄弱些，对知识的渴求度也不太深，学习的激情不太高涨。他们在上一节课已经掌握了DNA的基本构造，熟悉了DNA两条链的反向平行排列以及碱基互补配对原则，但是DNA的结构是一个静态的模型，而DNA的复制却是一个动态的变化过程，学生可能会感到很抽象，不好理解，从而产生畏难心理。为了更好地解决此难点，可采用动画演示和视频播放来吸引学生注意，引导学生学习。

DNA半保留复制方式的探究这一知识点学生理解起来还是比较容易的，这里可应用假说—演绎法。此方法主要针对的是孟德尔遗传规律的研究，而摩尔根证明基因在染色体上这一观点时也应用了此方法，学生已经把它作为学习的重点掌握了，但用^{15}N或^{14}N标记DNA后，进行密度梯度离心对他们来说是新知识点，而这个知识点可采用小组合作制作模型来学习。

【教学目标分析】

从本学科的四个核心素养出发，研究教学目标。

生命观念：了解DNA分子的早期推测，概述DNA分子复制的过程及特点，理解DNA复制的条件和半保留复制的生物学意义。

科学思维：通过介绍两位科学家梅塞尔森和斯塔尔的实验，理解并证明

DNA半保留复制的实验过程，指导学生分析、比较、推理、归纳，从而培养科学的思维。

科学探究：运用假说—演绎法探究DNA的复制方式，并指导学生小组合作构建DNA复制方式的模型，培养学生自主探索、合作学习、剖析问题、解决问题的能力。

社会责任：通过科学家曲折的探求真理过程，培养学生学习科学家不畏艰难的精神。

【教学重难点分析及解决措施】

教学重点：DNA的复制过程。

教学难点：理解、证明DNA半保留复制的实验过程。

教学重点的解决措施是通过希沃白板进行一系列的动画展示来引导，并让学生牵拉碱基进行配对，从视频网站收集视频辅助，帮助学生理解，并用知识小结进行巩固。

教学难点的解决措施是通过各小组合作制作模型来进行探究，并选取有代表性的模型进行展示、讲解，从而增强学生的小组合作交流以及自我展示能力。同时利用希沃平台播放视频加强学生对难点的认识。

【主要教学策略】

1. 数据支持学情分析：课前在七天网络平台布置预习任务，通过数据分析，可清楚学生的学习信息，知道学生对DNA复制过程的掌握是不太了解的，而且对生物模型的构建也不太熟悉，这些都有助于在课堂上进行针对性地讲解。

2. 技术支持课堂导入：本课课前用一首歌谣引出DNA的复制，创设了问题情景，从而激发学生兴趣和学习动机，提高学生的互动能力。

3. 技术支持课堂讲授：课堂上主要运用了希沃白板，在平台上展示了视频，辅助学生理解重点知识，运用动画使知识点更直观、更容易理解，而且希沃平台中的移动功能尤为有用，使学生能当场为碱基进行配对，增强趣味之余，还能加强学生对知识的理解深度。同时课件也呈现了思维导图为学生的学习提供了支持。

4. 技术支持模型构建：在一开始的两种复制假说展示时，两位学生用鸿合展台展示了自己制作的模型，全班同学在屏幕上均能看清模型的构造，具体而详细，使讲解的学生更有信心展现自己。

5. 构建模型培养学生的科学思维：在课堂上，讲述DNA的两种复制方式时，运用了小组合作的方式，使用白纸板等工具让小组共同构建模型，并由小组代表进行展示，使小组的合作交流学习充分落实，也使学生的讲解能力得到展示，在展示过程中也培养了学生的逻辑思维和科学精神。

【技术工具、平台、资源】

希沃白板、学科网、七天网络、鸿合展台。

【技术支持的教学设计思路】

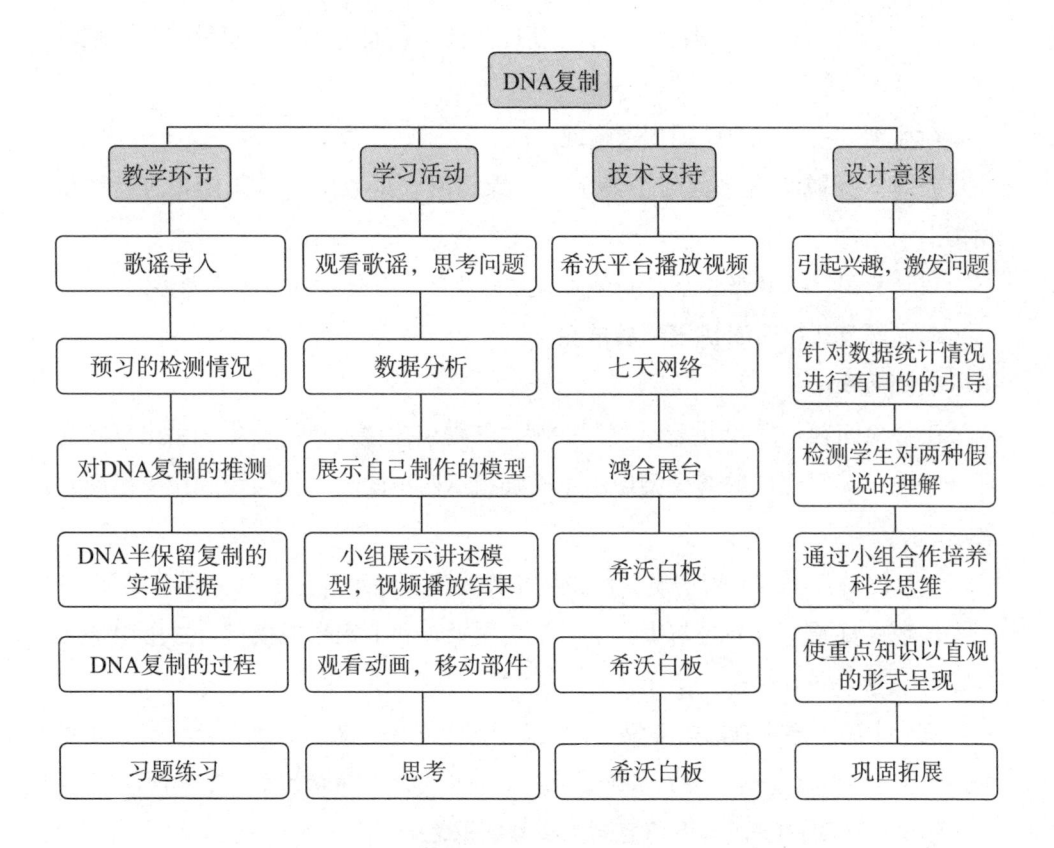

教学环节	学习活动	技术支持	设计意图
歌谣导入	观看歌谣，思考问题	希沃平台播放视频	引起兴趣，激发问题
预习的检测情况	数据分析	七天网络	针对数据统计情况进行有目的的引导
对DNA复制的推测	展示自己制作的模型	鸿合展台	检测学生对两种假说的理解
DNA半保留复制的实验证据	小组展示讲述模型，视频播放结果	希沃白板	通过小组合作培养科学思维
DNA复制的过程	观看动画，移动部件	希沃白板	使重点知识以直观的形式呈现
习题练习	思考	希沃白板	巩固拓展

（DNA复制）

【教学活动设计】

教学环节一：导入

教师活动：由教师播放视频歌谣《萤火虫》，接着提出疑问：DNA复制究竟是怎样的？DNA复制经常出错吗？同学们带着疑问，一起来学习"DNA的复制"。

学生活动：观看歌谣视频，根据老师提出的问题思考。

技术、资源（含平台与工具）：希沃白板播放视频。

设计意图：以生动的歌谣、常见的现象吸引学生注意，发出疑问引出本节课课题，引领学生思考和学习。

教学环节二：预习回顾，数据分析

教师活动：展示预习的完成情况，表扬全对的同学，展示每题的得分率，以及所考的考点，从数据提取出学生情况的两个信息，根据信息针对性地展开教学。

学生活动：了解自己的预习情况。

技术、资源（含平台与工具）：七天网络收集数据，希沃白板进行展示讲解。

设计意图：从数据收集可知学生预习的情况，有针对性地展开教学。

教学环节三：对DNA复制的推测

教师活动：

①提出问题：DNA是怎么复制的呢？②提出假说：讲解历史，引出复制的两个假说；③假说理解的模型展示：教师指示两位同学根据假说制作小模型并展示。

学生活动：了解发展历史，两位同学作为代表展示模型，其他同学观看。

技术、资源（含平台与工具）：学生用吸管和卡纸做成模型，并用鸿合展台展示模型。

设计意图：学生自己制作模型，提高了学生的动手能力，在展示模型的过程中，也锻炼了语言表达能力，教师由此可知学生对两种假说的初步了解情况。

教学环节四：DNA半保留复制的实验证据之一

教师活动：教师用一系列的问题启发学生思考。

① 设计实验的关键思路是什么？

② 如何区分亲代和子代的DNA？

教师讲授引出同位素标记法和密度梯度离心法——用^{15}N或^{14}N分别标记DNA后，进行密度梯度离心。

实验的具体方法学生齐读。

学生活动：根据老师的一系列问题做出思考和回答。

① 复习同位素标记法。

② 学习密度梯度离心法。

③ 齐读实验的具体方法，清楚模板是^{15}N标记的DNA，原料是^{14}N的培养液。

技术、资源（含平台与工具）：希沃白板展示。

设计意图：一系列的问题层层递进，使学生加深了对已有知识点的理解，以及对新知识的学习，从中融入了假说—演绎法，培养了学生的科学思维。

教学环节五：DNA半保留复制的实验证据之二探究任务1——小组合作，演绎推理，完成模型构建

教师活动：

演绎推理：小组合作，演绎推理在两种复制模式下获得的子代DNA的可能情况，构建物理模型，并思考问题。

① 各代DNA分子子链的组成。

② DAN分子在离心管中的位置。

教师规定构建模型的时间，接着让学生展示模型，评价讲解，并指出两种复制方式的区别以及学生要注意的事项。

学生活动：

（1）学生分组探究，构建模型，在白纸板上粘贴亲代及子代DNA的情况，并在试管中粘贴离心后DNA的所在位置。

（2）两组同学作为代表分别展示模型，并讲解全保留复制和半保留复制两种模型的构建，其他同学聆听。

技术、资源（含平台与工具）：教师课前准备了白纸板，用卡纸裁剪成的小纸条，红色代表亲代母链，蓝色代表子链，黄色代表试管，黑色代表离心后的DNA带。学生可在白纸板上粘贴。

设计意图：①模拟探究实验的设计和运用，旨在激发学生探索科学真理的兴趣，培养学生动手能力和逻辑思维。②通过展示和学生的讲述，训练学生的临场心理和语言表达能力。③通过比较，加深学生对半保留复制和全保留复制区别的理解，并且培养学生分析、比较、归纳的科学思维能力。

教学环节六：DNA半保留复制的实验证据

教师活动：

（1）实验验证：教师引出两位科学家梅塞尔森和斯塔尔的实验，用视频展示；

（2）实验结论：教师要求学生观看视频后齐声说出结论：DNA的复制方式是半保留复制；

（3）师生共同小结DNA复制方式的研究历程。

学生活动：观看视频，了解实验过程；齐声说明实验结论；与老师一起小结DNA复制的探索历程。

技术、资源（含平台与工具）：希沃白板视频播放、希沃白板课件展示。

设计意图：①视频的观看使学生了解实验的过程，清楚结论的得来历程；②齐声说出结论有助于加深记忆；③师生一起小结探索历程，让学生有了更具体的思维，对探索历程的过程理解得更深刻，并加强了假说—演绎法的应用，训练了学生的科学思维。

教学环节七：课堂活动，检测效果

教师活动：教师利用两道判断题设计了课堂活动，找两位同学作代表进行比赛，根据所得数据检测学生的学习效果，学习不到位的地方进行讲解，从而巩固知识点。

学生活动：两位学生作代表参加比赛。

技术、资源（含平台与工具）：希沃白板的课堂活动。

设计意图：根据所得数据清楚学生的学习效果，不清楚的地方进行讲解，从而加深巩固知识点。

教学环节八：DNA复制的过程之探究任务2——资料分析

教师活动：

（1）教师引导学生理解概念。

（2）阅读3则资料，进行探究任务2：分析DNA复制的时间、地点和条件。

教师引导学生得出DNA复制的时间是细胞分裂前的间期（有丝分裂前和减数第一次分裂前），随着染色体的复制而完成；真核生物的复制场所主要在细胞核中。提问学生DNA复制的条件并总结。

（3）观看DNA复制的视频，让学生对DNA复制有初步的印象。

学生活动：①学生跟着老师一起学习概念；②阅读资料，完成探究任务2；③个别学生回答DNA复制的条件；④通过视频，了解DNA的复制过程。

技术、资源（含平台与工具）：希沃白板展示、导学案的阅读、希沃白板播放视频。

设计意图：通过阅读资料，锻炼学生从资料中提取信息的能力，提高学生对数据的分析综合水平；通过教师的引导和指正，学生的知识点的掌握会更牢固和具体；视频的观看使学生对知识点有了初步的认识。

教学环节九：DNA复制的过程之探究任务3——碱基配对

教师活动：

教师用动画引导学生学习DNA复制的步骤，并指导学生完成探究任务——合成子链时碱基的配对和链的合成方向。

DNA复制每个步骤的学习教师均用动画展示，探究任务的完成方法是教师让学生上讲台进行碱基配对的拖曳，从中指出子链的合成方向是从5'端→3'端，让学生做好笔记。

学生活动：学生在白板上对碱基进行拖曳，并对知识点做笔记。

技术、资源（含平台与工具）：希沃白板。

设计意图：学生在白板上进行拖曳，增强了趣味性，提高了学生对学习的积极性，也使知识点更直观；同时，教师通过学生的展示了解学生对知识点的掌握情况，适当点拨。

教学环节十：DNA复制的过程

教师活动：

（1）DNA复制的结果、特点、原则、准确复制的原因、意义等知识点的学习。

以上知识点教师一一引导学生学习，从书本上找到答案。

（2）DNA复制知识点的小结。教师通过表格与学生一起对此知识点进行回顾复习。

（3）实战训练：教师分别以课本的习题和自己收集的习题对知识点进行训练巩固。

学生活动：①新知识点和教师一起学习、回答，从书本中找答案。

②学生与教师一起完成表格的填写。

③学生一起完成实战训练。

技术、资源（含平台与工具）：希沃白板。

设计意图：从书本找答案，训练学生看书分析能力；知识的小结让学生对知识的整理更系统化；实战有助于学生对知识的巩固。

教学环节十一：总结提升

教师活动：

（课堂小结）教师分别在课件上列出概念模型和在黑板上画出DNA模式图来进行总结回顾，教师画出重点知识。

学生活动：学生完善导学案。

技术、资源（含平台与工具）：希沃白板，导学案。

设计意图：使知识更系统化地呈现，学生对知识的认识更明了。

教学环节十二：展示英雄，提升社会责任

教师活动：

视频播放《人民英雄陈薇》，教师提出期望：传承中国精神，做有中国担当的下一代。

学生活动：观看视频，思考人生观。

技术、资源（含平台与工具）：希沃白板。

设计意图：让学生明白自己的责任和老师对他们的期盼。

教学环节十三：布置作业，完成课后练习

教师活动：

布置课后练习：①书本练习；②练习册练习；③完成e网通练习

学生活动：做练习。

技术、资源（含平台与工具）：希沃白板，e网通完成线上练习。

设计意图：完成作业，收集数据，清楚学生的学习情况。

【板书设计】

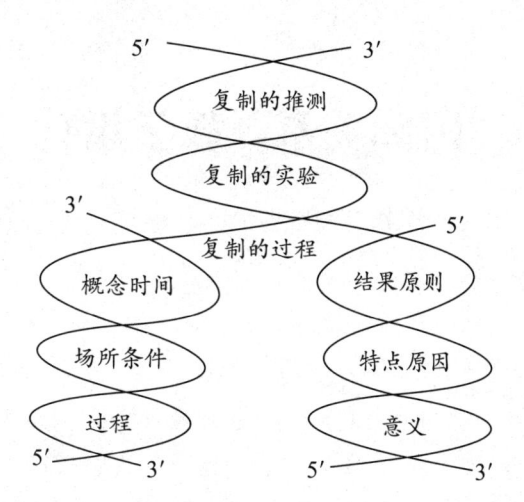

5'　　　　　　3'
复制的推测
复制的实验
3'　　　复制的过程　　　5'
概念时间　　　　结果原则
场所条件　　　　特点原因
过程　　　　　　意义
5'　　3'　　　5'　　　3'

"国际关系"教学设计

肇庆市端州中学　张志明

课例类型：☑多技术融合环境　□智慧教育环境　□大单元模式
所属学科：思想政治　　　　　使用教材：人教版高中思想政治选择性必修1
所属学段：高二　　　　　　　教学时长：40分钟

【课例简介】

在前面的学习中，同学们主要学习了国内政治的相关知识，本节课，进入国际政治的学习。

学生进行5分钟的时政播报，培养学生关注国内外大事的习惯，开阔学生视野，锻炼学生能力，结合时事热点，活跃课堂气氛，提高学生分析问题和解决问题的能力。

"以学定教，先学后教"是翻转课堂的理念，本课借助e网通平台，布置课前探究任务，并收集成果，进行学情诊断以及预学分析。课中则利用提前拍摄好的关于立陶宛允许我国台湾地区在当地设立代表处的视频，通过希沃白板平台呈现过程性学习成果，通过七天智慧教育跟踪学生问题解决的过程，以及学习过程的评价。

【教材及教学内容分析】

本课主要内容是国际关系的相关知识，要求学生认识国际关系的一般知识，了解决定国际关系的主要因素，从而学会用科学的思想方法正确认识国际现象，通过认识不同国家间的关系，把握其背后的实质，同时坚定维护我国的国家利益。

【教学对象分析】

本届学生是"三新"教育背景下的第一届学生，通过一年多的议题式学习，学生的合作探究能力不断增强，自主学习能力不断提高。通过前面的学习，学生已经学习了国体、政体与国家结构，本节课我们从国内走向国际，空间跨度有点大，需要学生具有国际视野，放眼世界。关注国际社会有影响力的大国关系，深刻理解影响国际关系的决定性因素，树立科学精神。

学生经历了第一单元"各具特色的国家"的学习后，对世界上的国家类型、政权形式、国家结构等有了一定的认识，学生会对"不同的国家在世界上的地位作用为何不同呢？不同的国家是如何产生联系的呢？我国又是怎样做的呢？"这些问题产生兴趣，从而促使学生主动探索学习。

【教学目标分析】

1. 政治认同：结合我国开展的系列外交活动和处理国际事务的相关活动，理解我国坚定地维护自己的国家利益的原因，增强政治认同。
2. 科学精神：正确认识国际关系的基本形式，正确理解国际竞争的实质。
3. 公共参与：正确看待国家关系及国家间的交往。

【教学重难点分析及解决措施】

重难点：

1. 教学重点：影响国际关系的决定性因素。
2. 教学难点：国家利益、影响国际关系的决定性因素。

解决措施：通过开展探究、辩论赛、角色扮演等活动，学生感受到国家关系复杂多变，意识到国家利益和国家实力是影响国际关系的决定性因素，突破本节课的重难点。

【主要教学策略】

1. 技术支持学情分析

课前老师录制微课，在e网通平台布置五道选择题进行预习检测，调整学习方法，先学后教，以学定教。

2. 技术支持课堂导入

利用e网通平台统计同学们的做题正确率，表扬表现优秀的同学，同时利用希沃平台进行时政播报，开阔视野，活跃课堂气氛。

3. 技术支持课堂讲授

在课前任务中，学生通过微课视频进行自主学习，课堂上既有希沃白板平台的课件呈现，也有思维导图和及时的推送题目，学生互相批改和点评，为学生深入探究相关问题提供学习支持。

【技术工具、平台、资源】

EV录屏、e网通、学科网、七天网络、希沃白板、快剪辑。

【技术支持的教学设计思路】

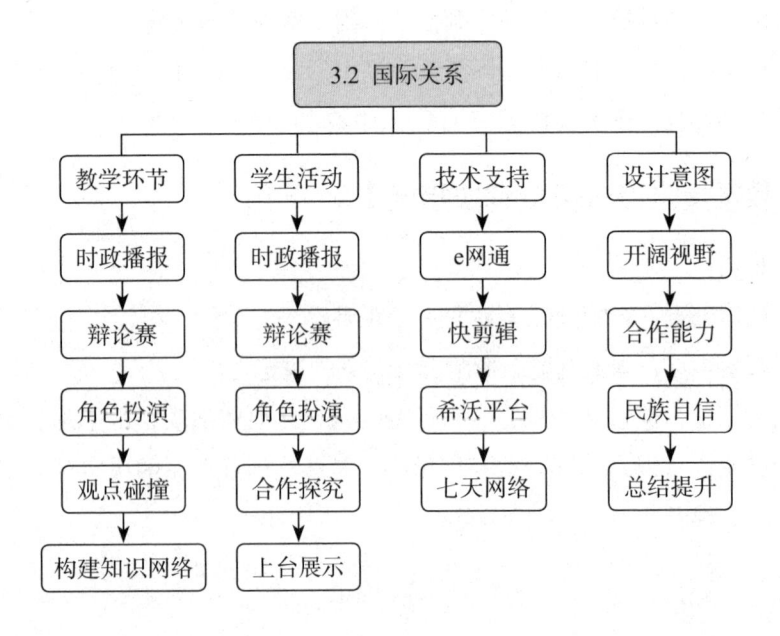

```
                    3.2 国际关系
        ┌───────────┬───────────┬───────────┐
     教学环节      学生活动     技术支持     设计意图
        │            │            │            │
     时政播报      时政播报      e网通       开阔视野
        │            │            │            │
      辩论赛       辩论赛       快剪辑      合作能力
        │            │            │            │
     角色扮演      角色扮演     希沃平台     民族自信
        │            │            │            │
     观点碰撞      合作探究     七天网络     总结提升
        │            │
    构建知识网络   上台展示
```

【教学活动设计】

教学环节一：时政播报

教师活动：组织学生进行时政播报。

学生活动：学生上台进行时政播报、同学进行点评。

技术、资源（含平台与工具）：希沃平台、PPT展示播报内容。

设计意图：通过时政播报，一方面，提高学生的语言表达能力和问题审辨能力。另一方面，培养学生养成关注国内、国际新闻的习惯，全面深入了解国内、国际形势，把握时代脉搏，落实核心素养。

教学环节二：课前任务反馈

教师活动：练习检测情况反馈。评讲错误率高的题目。

学生活动：认真听讲做好笔记。

技术、资源（含平台与工具）：学科网、e网通。

设计意图：关于认识国际关系的知识，高考中一般考选择题，知识点较为简单，录视频让学生看然后做题，提高学生学习效率，评讲错误率高的题目，对学生的个性问题和共性问题进行释疑、讲解、检测，提高评讲的针对性。

教学环节三：辩论赛

教师活动：展示材料，将学生分为正方与反方，组织辩论，进行归纳小结。

学生活动：合作探究，正反方一、二、三辩阐述观点。

技术、资源（含平台与工具）：希沃平台、PPT。

设计意图：理不辩不明，通过辩论赛，一方面引导学生要关注时政，关注现实生活；另一方面通过精心设计情境和问题，考查学生运用国家利益的知识分析和解决问题的能力，引导学生深刻领会中美关系的现状与未来，让学生认识到中美关系作为当今世界最重要的双边关系，斗争与合作相交织，斗而不破，或将是未来中美关系的主基调。突破本节课的重点。

教学环节四：图片对比——合作探究

教师活动：展示100年前的中国与美国谈判、现在的中国与美国谈判的图片，引导学生思考如何更好地维护我国的国家利益。

学生活动：小组讨论，代表发言。

技术、资源（含平台与工具）：希沃白板、PPT。

设计意图：对比图片，让学生直观感受弱国无外交，而我们的祖国正在一天一天强大起来，综合国力在不断增强，有能力捍卫国家利益，增强同学们的民族自信心；同时发散思维，从多个角度阐述如何更好地维护本国利益，增强学生关注时政的意识，增强学生的社会责任感和使命感。

教学环节五：课堂小结——自主构建知识网络

教师活动：组织学生构建知识网络并拍照上传。

学生活动：构建知识网络，拍照上传，互相点评。

技术、资源（含平台与工具）：希沃平台、PPT、爱学平台。

设计意图：通过学生自主构建知识网络，把零乱的知识串联起来，形成知识结构，促进学生知识的内化，加深对本节课知识点的记忆和理解。让学生上台展示，发挥学生的主体作用和榜样作用，调动学生学习的积极性，从而提高课堂学习效率。

【板书设计】

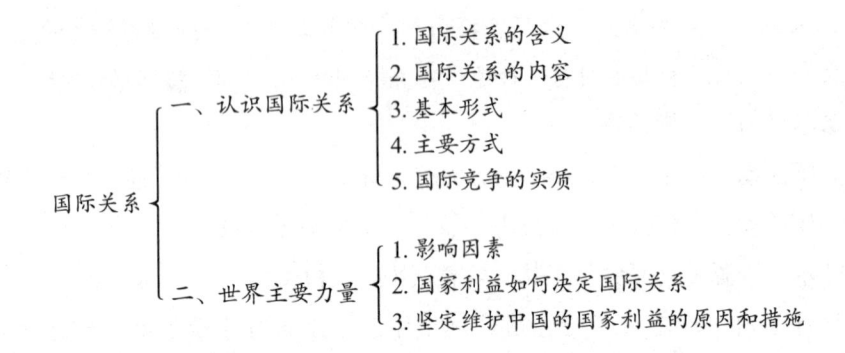

国际关系
- 一、认识国际关系
  1. 国际关系的含义
  2. 国际关系的内容
  3. 基本形式
  4. 主要方式
  5. 国际竞争的实质
- 二、世界主要力量
  1. 影响因素
  2. 国家利益如何决定国际关系
  3. 坚定维护中国的国家利益的原因和措施

"茶叶何以影响世界：近代以来的世界贸易与文化交流的扩展"教学设计

肇庆市端州中学　莫焜丽

课例类型：☑多技术融合环境　　□智慧教育环境　　□大单元模式
所属学科：历史　　　　使用教材：人教版高中历史选择性必修3
所属学段：高二　　　　教学时长：40分钟

【课例简介】

本课主要介绍中国茶叶传播到世界各地的过程和饮茶风俗的流行，让学生了解全球贸易网形成的情况，以及商品的传播对文化异地交融的影响。通过学习，学生可以培养历史学科唯物史观的辩证认识，加深对时空观念的理解，进一步提高史料实证能力，等等。本课突出不同地域饮茶文化碰撞与交融主题，对学生全面了解本书"文化交流与传播"这一核心主干知识起着承上启下的延伸作用。

本课打破了传统的教学模式，教师课前在升学e网通上布置微课和练习题，引导学生自主学习本课内容，课堂上能够结合课前任务情况，根据学情，围绕学科核心素养开展教学，通过一系列史料探究活动，培养学生分析能力、归纳能力、比较能力、概括能力和推理能力，以及沟通交流能力。通过教师的"诱学指导"与学生的"自学探究""小组讨论""成果展示"活动，变教为导，以导促学，学思结合，尽量使课堂教学促进学生的成长和发展。课中教师先回顾学生已经掌握的信息和存在的疑惑，结合习题的得分率和错题分析，进行重难点知识突破；然后通过希沃白板平台呈现学生的过程性学习成果，通过班级优化大师统计学生解决问题的表现，以及学习过程的评价；最后借助"倒计时"和"小七学伴"让学生完成习题训练，并当堂进行数据分析和评讲，以加深学生对所学内容的理解，并当堂反馈学习成果。

技术支持下的教学活动与练习题型分析有助于学生理解重点和关键问题，并能及时诊断学生的学习掌握情况，为学生认知和思维发展提供丰富的学习支持，提高了学生参与课堂的积极性，培养了学生历史学科的素养能力。

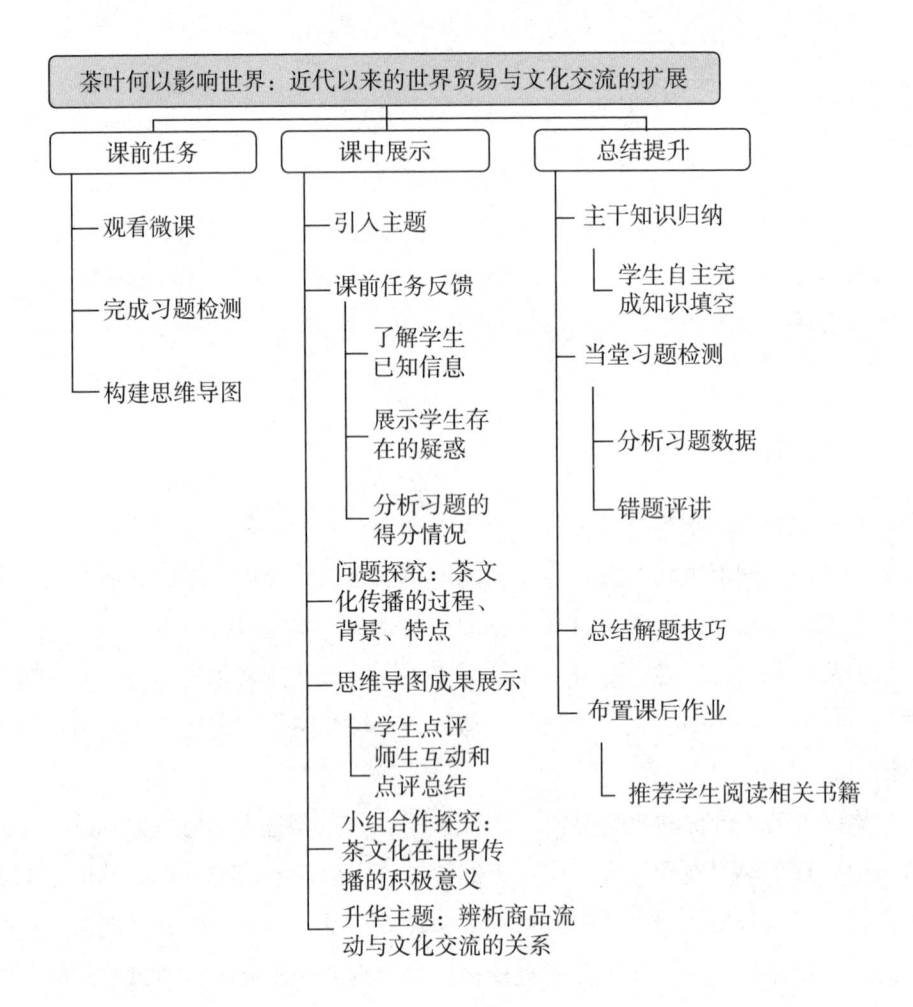

茶叶何以影响世界：近代以来的世界贸易与文化交流的扩展

- 课前任务
  - 观看微课
  - 完成习题检测
  - 构建思维导图
- 课中展示
  - 引入主题
  - 课前任务反馈
    - 了解学生已知信息
    - 展示学生存在的疑惑
    - 分析习题的得分情况
  - 问题探究：茶文化传播的过程、背景、特点
  - 思维导图成果展示
    - 学生点评
    - 师生互动和点评总结
  - 小组合作探究：茶文化在世界传播的积极意义
  - 升华主题：辨析商品流动与文化交流的关系
- 总结提升
  - 主干知识归纳
    - 学生自主完成知识填空
  - 当堂习题检测
    - 分析习题数据
    - 错题评讲
  - 总结解题技巧
  - 布置课后作业
    - 推荐学生阅读相关书籍

【教材及教学内容分析】

本课着重通过学习文化交流与传播的典型事件、主要途径和引发的历史影响，展现中外历史上重要文化产品交流传播的一般过程，以及突出不同文化发展交融所产生的相互作用。要求学生具备一定的历史基础，课前做好预习，课中通过多样的教学活动，灵活运用已学的历史知识，在多样化、丰富的历史情景下分析不同类型的材料，对历史上的文化交流与传承进行有意义的深入探索，从而形成对人类文化发展价值观的正确认识。

本课根据学生的学情，以茶文化对外传播为切入点，通过茶叶贸易的发展来贯穿教学的整个过程，使学生通过茶叶这种特殊商品来理解商品流动与文化交流的关系，紧贴新课标"以情景载体来弘扬中华优秀传统文化"的理念，帮助学生树立正确的历史观。

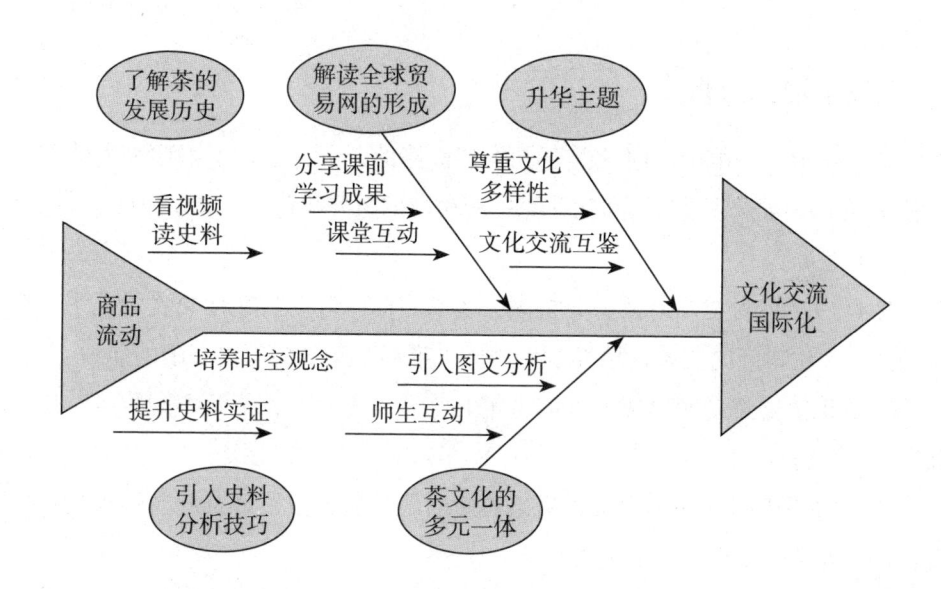

【教学对象分析】

本课授课对象是高二选考历史科目的学生，他们在高一已经学习了通史的内容，对世界经济史有了初步的认识，对丝绸之路、新航路开辟、工业革命、"一战""二战"和"二战"后资本主义国家的新变化及经济全球化有了一定的了解，因此对本课的内容已经有了一定的知识储备。同时，本课第一子目内容涉及古代到近代，在讲授的过程中应当补充史料、地图、实物图片、可视化的数据等资源，引导学生从不同的方位认识全球贸易网的发展过程。第二子目在讲述关于商品交换承载着文化交流这一功能的时候，由于涉及政治学的专业概念，较为抽象，应当利用动态地图、漫画图片等直观形式启发学生思维，注重创设情境与构建逻辑框架，以实现核心素养的落地。

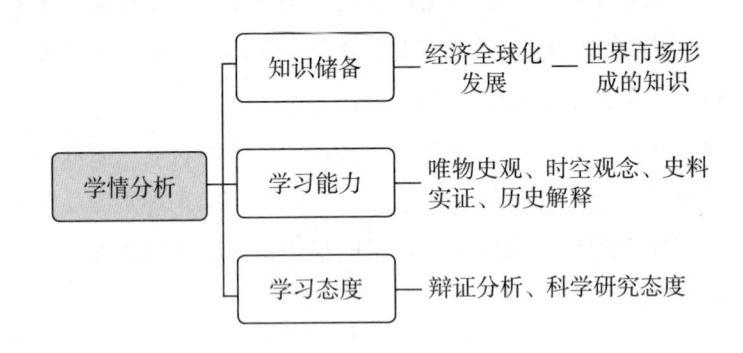

学情分析
- 知识储备 —— 经济全球化发展、世界市场形成的知识
- 学习能力 —— 唯物史观、时空观念、史料实证、历史解释
- 学习态度 —— 辩证分析、科学研究态度

【教学目标分析】

课标要求：了解不同时代、不同类型商路的开辟；通过了解商品所体现的特色文化，理解贸易活动在文化交流中所扮演的重要角色。

核心素养：

1. 运用唯物史观及辩证法分析国际贸易、商品流动与文化交流的关系，理解经济与文化之间的关系，培养学生用历史唯物主义分析历史问题的能力。

2. 认识全球贸易网形成所处的特定时空和历史背景，了解不同阶段贸易发展的趋势和特征。

3. 通过历史图片和历史资料提出思考问题的角度，了解茶叶所体现的特色文化，培养学生史料实证的能力。

4. 引导学生结合本课史料和运用所学知识，认识商品和文化的交流是相辅相成、互相促进的。

5. 感悟文明交流、互鉴的深刻内涵，树立对中国文化的自信。

【教学重难点分析】

教学重点：全球贸易网的形成原因及商品流动对文化交流的影响。

教学难点：认识商品贸易在文化交流中的媒介作用。

【主要教学策略】

1. 技术支持学情分析。

本节课利用升学e网通平台对学情进行分析，能够精准地了解到每一道题、每一个选项的分布，并分析出学生答题得分、正确率、错误率等情况，教师根据分析结果调整教学计划和过程。

2. 技术支持课堂导入。

通过展示Camtasia Studio剪辑的视频让同学们观看茶叶的起源和传播，引导同学们回答"茶的原产地在哪里？"这一问题，从而引入本课的话题。让学生仿佛身临其境，引发学生兴趣，激发学生学习的主动性，提高师生的互动能力，同时又为下一阶段教学环节的开展奠定基础。

3. 技术支持课堂讲授。

课堂上利用希沃白板平台进行课件呈现、课堂活动、练习计时、投屏答题，为学生的高效学习提供技术支持。

4. 收集评价数据。

教师课前在升学e网通导入10道与茶叶贸易相关的选择题，学生在平台作答，平台根据教师预设的答案批改，并分析出学生答题得分、正确率等情况，有助于及时发现学生易错的问题，同时为学生过程性表现评价提供相应的数据支撑，教师根据分析结果调整教学策略。

5. 可视化数据呈现与解读。

让学生回顾自己在课堂中的表现，可借助小七学伴进行解题分析。同时利用柱状图呈现评价数据，使得数据分析更为透彻，内容呈现更加直观、清晰，有助于教师发现问题，帮助学生改进学习方式。

【技术工具、平台、资源】

希沃白板、学科网、升学e网通平台、今日头条、Camtasia Studio、班级优化大师、小七学伴。

【技术支持的教学设计思路】

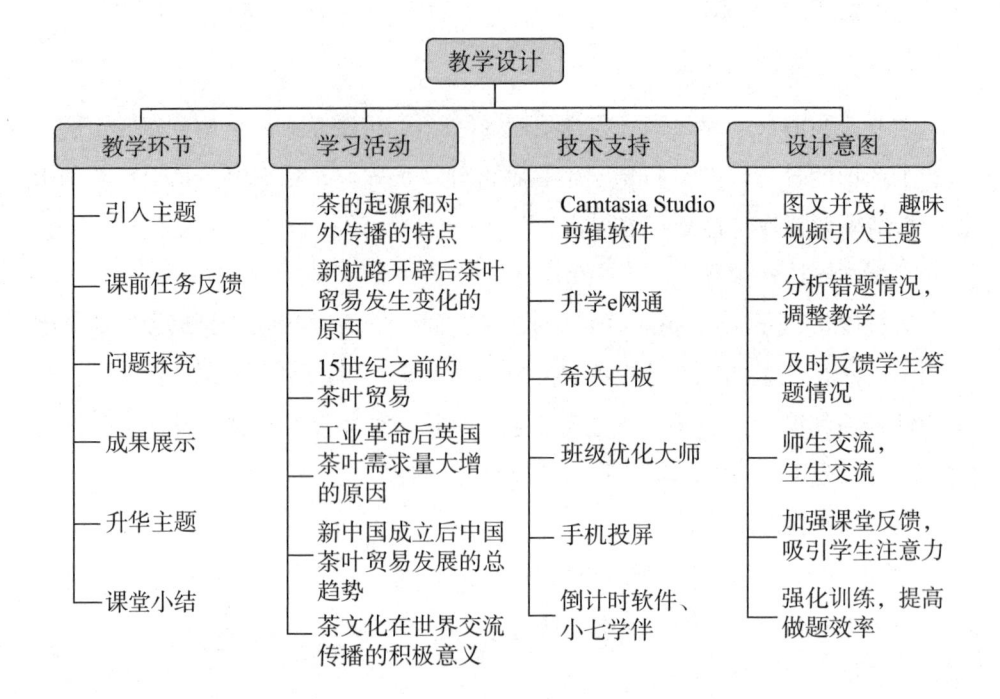

```
                        教学设计
    ┌──────────┬──────────┬──────────┬──────────┐
   教学环节      学习活动      技术支持      设计意图
```

教学环节	学习活动	技术支持	设计意图
引入主题	茶的起源和对外传播的特点	Camtasia Studio 剪辑软件	图文并茂，趣味视频引入主题
课前任务反馈	新航路开辟后茶叶贸易发生变化的原因	升学e网通	分析错题情况，调整教学
问题探究	15世纪之前的茶叶贸易	希沃白板	及时反馈学生答题情况
成果展示	工业革命后英国茶叶需求量大增的原因	班级优化大师	师生交流，生生交流
升华主题	新中国成立后中国茶叶贸易发展的总趋势	手机投屏	加强课堂反馈，吸引学生注意力
课堂小结	茶文化在世界交流传播的积极意义	倒计时软件、小七学伴	强化训练，提高做题效率

【教学活动设计】

（一）导入新课

1. 引入主题。

教师活动：

（1）展示俄国诗人普希金的经典诗句。

（2）播放一段剪辑的小视频《茶界》，老师设问："茶的原产地在哪里？"

（3）展示本课学生学习后应达到的多维度目标。

学生活动： 鉴赏诗句的含义，观看视频后回答问题。

技术、资源（含平台与工具）： Camtasia Studio剪辑和合成视频，希沃白板展示教学内容。

设计意图： 学生通过对经典诗句和视频的解读，产生身临其境的感觉，激发学生学习热情。通过问题设置活跃课堂氛围，并进一步引入本课主题。

2.课前任务反馈。

教师活动：展示学生课前学习获取的信息和存在的疑惑。展示错题统计数据，分析各题正确率和对应的知识点，回顾得分率低的题目。

学生活动：了解课前学习情况和习题完成情况，知道自己的知识漏洞。

技术、资源（含平台与工具）：Camtasia Studio软件、升学e网通作业布置平台、作业数据分析平台。

设计意图：了解学生在学习微课后还存在的知识漏洞。通过练习题的错题统计数据反馈学情，以便调整新课教学内容。

（二）合作探究

1.观漂洋过海的神奇茶叶——织全球贸易网络。

教师活动：

（1）展示节选史料，分析唐代茶文化对外传播的特点。

（2）对比两幅地图，展示15世纪前后的世界贸易路线，探究茶叶贸易有地域限制的原因。

（3）选取相关史料，分析15世纪末到19世纪初期茶叶贸易额发生变化的原因。

（4）小组合作探究19世纪中期到20世纪初中国茶叶国际贸易发展的趋势和原因。

（5）展示趋势图，探究20世纪上半期、中华人民共和国成立后中国茶叶国际贸易发展的总趋势和深层原因。

（6）借助茶的发展历史构建全球贸易网的形成，展示设计优秀的思维导图并表扬学生。

（7）开展课堂活动，让学生两两比拼，进行判断题的课堂训练。

学生活动：

（1）阅读史料，提取信息。

（2）分析地图，了解15世纪前世界贸易发展概况。

（3）整理归纳，自主表达。

（4）分组探究历史问题。

（5）结合趋势图和所学回答问题。

（6）分析思维导图的优点、缺点。

（7）进行课堂竞赛活动。

技术、资源（含平台与工具）：

（1）使用希沃白板展示相关教学内容。

（2）利用班级优化大师随机抽选学生来回答问题。

（3）在班级优化大师平台上预设学生回答的表现和相应分数，及时发送点评。

（4）运用希沃白板的分组竞赛功能让学生判断历史现象的形成原因是否正确。

设计意图：

（1）通过史料的探究活动来锻炼学生的材料分析能力。让学生最大限度地从史料中获取有效信息，找出关键词，并对有效信息进行准确、合理的解读。

（2）使用随机点名工具为学生参与问题探究和知识建构提供丰富的学习支持。

（3）给学生提供小组合作讨论的机会，培养学生的团队精神，提高学生解决历史实际问题的能力。

（4）利用直观的趋势图让学生思考问题，加深对知识点的理解。

（5）通过思维导图建立知识之间的关联，引导学生及时巩固基础知识。

（6）课堂竞赛活动灵活有趣，能调动学生的学习积极性和竞争意识。

2.瞻影响世界的饮茶文化——析全球文化交流。

教师活动：

（1）播放视频《全球最爱喝茶的5个国家》，展示茶文化的深远影响。

（2）邀请学生代表简要介绍其他国家的茶文化，例如俄罗斯、英国、荷兰、日本、美国、泰国的茶文化特色。

（3）展示《茶颂》《七碗茶》这两首诗歌，分析茶文化的多元一体性。

（4）小组合作探究：茶文化在世界传播有何积极意义？

（5）展示思维分析图，老师引导学生分析国际贸易、商品流动与文化交流的关系。

学生活动：

（1）观看视频。

（2）学生充当小导游，上台介绍其他国家的茶文化。

（3）鉴赏诗歌，分析茶文化的共性特征。

（4）小组分析问题的答案。

（5）理性分析史料，提取关联信息。

技术、资源（含平台与工具）：

（1）使用 Camtasia Studio 软件录制相关视频。

（2）在希沃教学一体机上使用投屏设备，投屏后利用希沃平台的拍照和图片放大功能展示学生作品。

（3）切换回希沃白板，展示教学内容。

设计意图：

（1）利用视频再次吸引学生的注意，有助于茶知识的形象化。

（2）通过角色扮演突出学生的主体作用，增加教学情趣，调动学生的情感，营造轻松、愉快的氛围。

（3）诗歌鉴赏和史料探究，进一步培养学生自主学习能力和小组合作解决问题的能力。

（4）引导学生从唯物史观的角度辩证分析国际贸易、商品流动与文化交流的关系与启示。

（三）总结提升

教师活动：

（1）开展课堂知识填空活动，完善知识结构。

（2）布置5道选择题，进行限时训练。

（3）展示各题得分情况，讲评错题。

（4）布置课后作业，推荐本课阅读书目。

学生活动：

（1）学生代表完成课堂活动。

（2）登录小七学伴完成习题。

（3）改正错题，查漏补缺。

技术、资源（含平台与工具）：

（1）利用希沃白板制作知识配对的分组互动游戏。

（2）平板电脑、小七学伴的作业布置平台。

（3）手机投屏作业统计数据。

设计意图：

（1）通过课堂活动使学生深入理解知识点之间的前后联系。

（2）通过课堂习题训练，及时巩固当堂知识，检测学习效果，总结解题技巧。

（3）鼓励学生查阅更多书籍，理解本课内容。

【板书设计】

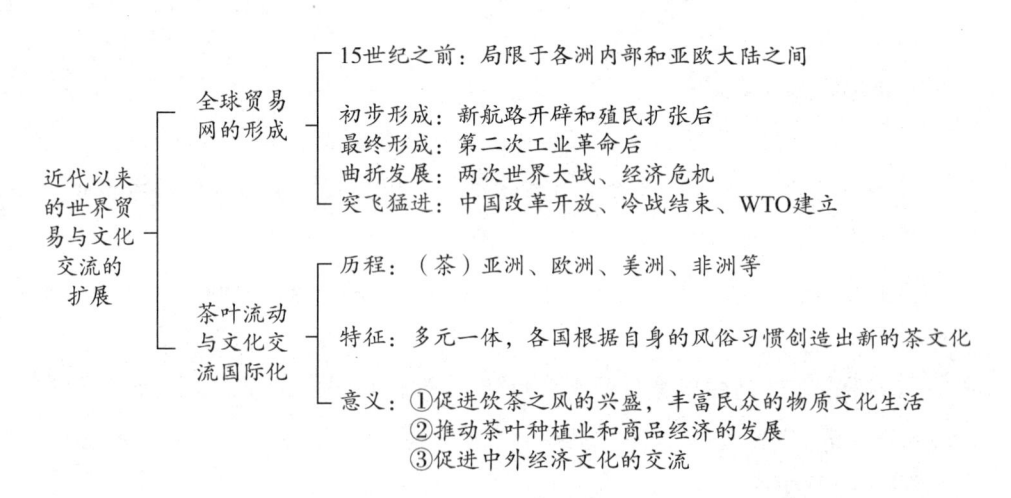

近代以来的世界贸易与文化交流的扩展
- 全球贸易网的形成
  - 15世纪之前：局限于各洲内部和亚欧大陆之间
  - 初步形成：新航路开辟和殖民扩张后
  - 最终形成：第二次工业革命后
  - 曲折发展：两次世界大战、经济危机
  - 突飞猛进：中国改革开放、冷战结束、WTO建立
- 茶叶流动与文化交流国际化
  - 历程：（茶）亚洲、欧洲、美洲、非洲等
  - 特征：多元一体，各国根据自身的风俗习惯创造出新的茶文化
  - 意义：①促进饮茶之风的兴盛，丰富民众的物质文化生活
    ②推动茶叶种植业和商品经济的发展
    ③促进中外经济文化的交流

"产业转移"教学设计

肇庆市端州中学　刘金婷

课例类型：☑多技术融合环境　　□智慧教育环境　　□大单元模式
所属学科：地理　　　　　　　　使用教材：人教版高中地理选择性必修2
所属学段：高二　　　　　　　　教学时长：40分钟

【课例简介】

本节课教学设计的理念是，依据新课程标准的要求来设计教学目标，并通过智能多技术平台的使用来落实每一项教学目标从而达到教学目的；通过技术的融合，让学生在课堂上较容易理解知识，并能及时巩固知识。这种针对新课标来设计教学内容，并用多技术来落实"先学定后教，三测促精熟"的教学法，可普遍应用于高中地理教学课堂。

【教材及教学内容分析】

"产业转移"适用于普通高中高二年级选择地理学科的学生。本章节内容分为两个学时讲解，本节课所讲授的为第一课时，其中课堂内容重点放在结合具体案例，分析影响产业转移的因素。而在分析影响因素前，要让学生了解产业转移的背景以及规律，这部分内容可通过学生自学"东亚、东南亚产业转移的规律"达到理想效果。而分析影响因素，则可以联系国内以及国外各种具体实例，让学生从典型案例入手学会分析，从而能自主运用这些因素进行新案例的分析，达到举一反三的目的。最后再进行练习巩固，规范文字表达。从各种跨国的产业转移案例中，让学生感受国家的日益强大，从而激发学生的爱国情怀。

【教学对象分析】

高二年级的学生，已经完成了高中地理教材必修第一册、第二册和选择性必修1的学习，具备一定的区域认知能力和原理分析能力，但因为初中的区域地理知识较基础，学生的区域认知能力较弱，地理实践力也较弱。学习态度上，部分学生态度端正，以应战高考的标准要求自己，积极主动参与课堂教学活动并自觉完成课前课后测评习题，但也存在部分学生学习无动力，态度较敷衍的情况。学校有完善的多媒体配套设施和网络资源，利用e网通和七天网络、小七学伴等平台对学生的学情进行分析，能有效地了解学生情况，有针对性地进行课堂教学。

【教学目标分析】

区域认知：以东亚、东南亚产业转移为例，掌握产业转移的规律。
综合思维：结合具体案例，分析哪些因素影响一个地区的产业转移。
地理实践力：运用综合思维为我国产业发展提出合理建议，培养家国情怀。

【教学重难点分析及解决措施】

本节课的重点和难点，在于如何结合具体案例，分析哪些因素影响一个地区的产业转移。课例中采用的策略是应用"先学定后教，三测促精熟"的教学模式，突破重难点。

1. 应用e网通网络微课的形式，结合导学案课前自主学习，让学生课前熟悉东亚、东南亚产业转移，掌握产业转移的规律。

2. 用七天网络进行课前小测，分析学生的错题以及难理解的内容，有针对性地在课堂上强调、巩固。

3. 用希沃白板进行课堂讲授，穿插观看网络视频（中国在埃塞俄比亚的产业转移），课堂生动易理解，同时通过产业输出培养学生民族自豪感。

4. 用鸿合视频展台进行课堂测试，同时综合题目的点评，可对比学生的答题情况，当场批改，突破重难点。

【主要教学策略】

先学定后教，三测促精熟。

【技术工具、平台、资源】

e网通、七天网络平台、希沃白板、网络视频资源、鸿合视频展台。

【技术支持的教学设计思路】

针对本节课的内容以及拟达到的目标，将本节课设计为课标解读、课前导入、学情分析、教学过程、探究活动、课堂测试、课堂小结和课后检测八个环节。其中，利用希沃白板进行课堂讲授并展示课程标准和学习目标，网络视频进行导入，使用e网通和七天网络平台的课前测进行学情分析，结合限时训练和鸿合展台投影等多媒体技术进行难点突破，以及通过e网通等技术进行课后检测，从而达到"先学定后教，三测促精熟"的课堂效果。

【教学活动设计】

（一）教学环节

课标解读—课前导入—学情分析—教学过程—探究活动—课堂测试—课堂小结—课后检测。

（二）课前布置

布置e网通网课（自主学习产业转移的规律），布置七天网络习题课前测。

（三）课堂展示

（1）展示新课程标准，讲解以此为依据要达到的教学目标。

（2）观看视频（中国在埃塞俄比亚的产业转移），思考：中国为什么选择非洲产业转移？为什么转移的工业是制鞋业？

教师归纳：产业转移概况、产业转移的一般规律、影响产业转移的因素。

（四）学生活动：课堂完成探究活动（课本例题）

探究1：为什么我国在埃塞俄比亚建厂的企业多为制鞋等企业？

探究2：为什么新建工厂主要分布在亚吉铁路沿线？

探究3：我国企业去埃塞俄比亚建厂主要受哪些政策因素的影响？

（五）课堂测试

（肇庆市2022届三模）阅读图文材料，完成下列要求。（节选）

目前，中国在非洲建成、在建或筹建的产业园近100个，其中30多个已经开始运营。而在非洲，工业园模式发展最为蓬勃的当属埃塞俄比亚。自2014年以来，埃塞俄比亚重点推进联邦国家级工业园建设，取得了一定成效，有望成为继亚洲之后的又一个全球制造业中心。在埃塞俄比亚的大型中国工业园定位不同，有的重点发展轻纺工业，有的将钢铁、汽车、能源电力、工程机械、通用设备等作为主导产业。

思考：为埃塞俄比亚将建设成为全球制造业中心提出合理建议。（6分）

（六）课后线上布置检测题

技术、资源（含平台与工具）：希沃白板、网络视频导入、e网通、七天网络平台。

设计意图：八个教学环节对应的设计意图

（1）课标解读：以新课程标准为课堂教学目标的依据，有利于把握教学重难点。

（2）课前导入：激发学生学习兴趣，引出产业转移的定义和规律。

（3）学情分析：学生通过分析错题，查漏补缺，总结知识点。

（4）教学过程：学生通过导学案提前预习，有助于更好地理解概念。

（5）探究活动：让学生自主完成综合题的审题，读题分析并讲解，提升表达能力。

（6）课堂测试：限时训练，提高解题能力，锻炼综合思维能力，巩固知识，提升核心素养。

（7）课堂小结：及时归纳消化知识点。

（8）课后检测：检测学生吸收知识成效。

【板书设计】

一、产业转移概况

二、产业转移的一般规律

三、影响产业转移的因素

"穿越千年的中华宝藏：编钟"教学设计

肇庆市端州中学　刘丹

课例类型：☑多技术融合环境	□智慧教育环境　　□大单元模式
所属学科：音乐	使用教材：粤教版音乐必修高中《音乐鉴赏》
所属学段：高一	教学时长：40分钟

【课例简介】

通过技术支持，教师在教学中解决了编钟和学生距离遥远的问题，让学生不仅提升了音乐素养还掌握了学习知识的方法，并树立了民族自信。在播放微课时，我采用抖音的古装特效变身为古代人物拉近与学生的距离，让学生看到不一样的老师。为了让学生感受编钟的天籁之音。我用库乐队中接近编钟的"玩具钟琴"音色连接MIDI键盘带学生学唱《楚商》主题旋律。采用安卓编钟App投屏反向控制手机，让学生熟悉主题旋律后进行人机互动。点击App，通过演奏、演唱进行生生互动、人机互动为其带来强烈的演唱、演奏成就感与沉浸在音乐中的幸福感。借助多样化的信息技术在学生展示阶段巧用分屏竞赛激发竞争意识，利用视频快传让每个学生都成为课堂的主角，充分展现学生的综合表现力。同时老师注重方法的归纳和运用，利用视频上传任务单拍照上传功能展示学生课堂效果，最后用思维导图归纳本课重点，让学生在视觉、听觉、触觉上全方位感受编钟的伟大与神奇，引导学生树立民族自信。

【教材及教学内容分析】

曾侯乙编钟是1978年在湖北随县曾侯乙墓出土的战国早期编钟，是中国音乐史上的空前发现。曾侯乙墓编钟共有65件，分三层三组悬挂在钟架上。《楚商》的音乐主题来自晚唐琴家陈康士的琴曲《离骚》，而该琴曲是根据战国时期楚国大诗人屈原的《离骚》而作。

【教学对象分析】

1. 学生在初中阶段的音乐课中学习过编钟，但是间隔几年的时间，多数高一同学对编钟的外形、音色特点有所遗忘。95%的同学没见过曾侯乙编钟，更不了解曾侯乙编钟作为国家一级保护文物的历史意义和价值，以及编钟作为礼器在古代的地位和作用。

2. 高中的学生在音乐和诗词文学方面已经具备一定的素养，90%的同学能够唱准简短的多声部旋律，且对信息技术终端设备（如手机）的使用非常感兴趣。为了让学生在音乐课堂中得到充分的展示，本课将音乐体验与信息技术融为一体，有效拉近了学生和2400多年前编钟的距离，对学生来说这样的授课方式也是一次新的尝试。

【教学目标分析】

审美感知：知道编钟的基本构造、听辨出编钟的音色。

艺术表现：熟唱《楚商》主题，背出前4小节，分声部用象声词模拟编钟敲击，并能随JP-Word、库乐队进行表现。

文化理解：知道有关曾侯乙编钟的历史文化和它的伟大与神奇之处，从而增强文化自信。

【教学重难点分析及解决措施】

教学重点：曾侯乙编钟的伟大之处。

教学难点：分声部象声词模拟编钟敲击与演奏电子小乐队的合作。

解决措施：

1. 展示电子编钟：借助信息技术，使用编钟模拟软件，让学生通过平板电脑触摸屏幕点击相应的编钟音高模拟编钟演奏。

2. 播放真实编钟敲击视频：利用视频制作软件，剪辑编钟的演奏视频，学生通过观看视频，了解编钟的外形以及敲击方式，聆听编钟的天籁之音，感受编钟演奏的恢宏气势。

3. 动态乐谱制作：将多声部动态乐谱设定编钟音色后合成一个视频，学生在跟随动态乐谱演唱的过程中感受多声部编钟乐队音色的效果。

通过以上信息技术与音乐学科融合的教学方式，帮助学生更好地理解和学习曾侯乙编钟的伟大之处。同时，使用信息技术，可以提升学生的学习兴趣和参与度，增强学习效果。

【主要教学策略】

本课借助"101教育PPT"，布置课堂任务，随机展示学生学习成果，进行学情诊断。先用傲软投屏展示先秦3D古乐器App，让学生直观感受编钟的体形与音高音量之间的关系。然后用101教育PPT播放课件，同时借助自带的互动工具完成随机点名、拼图游戏、分屏竞赛游戏等课堂互动。

【技术工具、平台、资源】

教学媒体：
电子动态乐谱、交互式课件、微视频、MIDI音乐片段。

教学工具：
多媒体交互一体机、手机、小音箱、MIDI键盘、任务单、课堂检核表、傲软投屏、编钟App、节拍器、WPS思维导图、抖音古装特效、Camtasia Stadio 2021、问卷星等。

教学素材：
编钟的音响、编钟的3D效果、其他古乐器的图片。

【技术支持的教学设计思路】

以与学生交流谈话的形式进行课堂导入引起学生好奇，促使他们思考为什么编钟被称为奇迹。观看3D古乐器，从视觉、听觉上缩小编钟与学生的距离感，学习微课片段了解编钟，利用抖音特效营造古代氛围感，101教育PPT进行高效互动。听、唱、奏《楚商》主题旋律，感受音乐特点。JP-Word动态乐谱模拟编钟音色，带唱乐谱营造多声部效果，提升教学效率。安卓"编钟"App的便捷演奏激发学生学习兴趣，使学生获得成就感。节拍器能稳定速度。库乐队营造沉浸式编钟体验氛围。学科融合了解"钟鼓乐"。听辨编钟音色检验教学成效。利用思维导图梳理与曾侯乙编钟有关的重要数字进行小结，使文化理解化繁为简。

【教学活动设计】

教学环节一：导入

教师活动：谈世界奇迹

（1）谈你所知道的世界奇迹。

（2）看App、猜乐器名称。

学生活动：

（1）回答老师的提问"畅谈所知道的世界奇迹"。

（2）观看编钟外形、聆听音色。

技术、资源（含平台与工具）：

（1）傲软投屏展示"先秦3D古乐器"App

（2）运用"先秦3D古乐器"App全方位立体展示编钟结构，特别是编钟底部的"合瓦形"结构，还能点按欣赏编钟音色。这对学生观察编钟体积与音高、音量之间的关系有很好的帮助。

设计意图：

（1）通过畅谈世界奇迹，引入本课所学的世界奇迹——编钟，激发学生的好奇心。

（2）3D视觉、听觉全方位拉近学生和编钟的距离。

教学环节二：认识编钟

教师活动：

（1）播放微课视频片段。

随机点名，检查任务一完成情况。

（2）播放微课视频片段。

随机点名，检查任务二完成情况。

（3）编钟底部结构拼图游戏。

随机点名，完成"合瓦形"结构拼图。

（4）学习《楚商》。

① 欣赏《楚商》片段。

A. 布置任务三，播放视频。

B. 随机点名，检查任务三完成情况。

② 唱《楚商》主题。

A. 教师用库乐队连接MIDI键盘选择"玩具钟琴"音色带唱主题旋律。

B. 要求学生手指点按分拍背唱前4小节。

C. 随机点名邀请同学上台点按象声词模拟编钟敲响的音色，进行三声部简短的4小节合唱。

③ App演奏《楚商》片段。

A. 教师用手机App，带唱主旋律。

B. 随机点名学生演奏App带唱主旋律。

④ 分组合作唱、奏《楚商》。

⑤ 完整聆听曾侯乙编钟复刻版演奏的《楚商》，让学生对这首曲子有一个完整的印象。

学生活动：

（1）观看视频，完成任务一"认识编钟"。

（2）完成任务二"走进曾侯乙编钟"。

（3）完成拼图游戏。

（4）赏、唱、奏《楚商》。

① 欣赏后完成任务三。

② 熟唱主题。

③ 边唱边用分拍点按。手指点按分拍击左手心背唱前4小节。

④ 背唱主题前4小节。

⑤ 演奏手机App软件带唱主旋律。

技术、资源（含平台与工具）：

（1）微课视频中的抖音古装特效。

（2）101教育PPT。

播放课件，随机点名，拼图游戏。"编钟"App：投屏反向控制，可实现一体机点按触屏功能，会有一点点延迟。库乐队：玩具钟琴音色接近编钟音色，连接MIDI键盘带唱主旋律。"编钟"App：投屏显示简谱音符，便于学生点按。库乐队：模拟编钟小乐队伴奏。

设计意图：

（1）微课任务二中采用抖音古装特效的变身功能，老师身着古装讲解，增强学生学习兴趣。

（2）101教育PPT随机点名互动工具，让每一个学生都有机会参与，体现公平原则。

（3）截取微课片段完成任务一，先让学生了解什么是编钟，再通过任务二走近曾侯乙编钟，了解这一穿越千年的世界奇迹。

（4）101教育PPT拼图游戏加深学生对编钟一钟双音"合瓦形"结构的直观记忆。

（5）学习《楚商》，让学生对编钟演奏出的音乐有直观的认识。

（6）手机点按App，拉近学生与编钟这个既是古乐器又是国家保护文物的距离，尽管在日常生活中不容易见到，但能在手机上点按参与演奏，会给学生带来享受编钟美好音色的幸福感和演奏乐曲的成就感。

（7）库乐队，课前编辑好《楚商》片段的模拟小乐队伴奏，便于在课上和学生合奏。

教学环节三：巩固与拓展

教师活动：

（1）展示图片，了解《楚商》中出现的其他古乐器名称及外形。

（2）《诗经·关雎》中关于钟鼓乐的诗句，了解什么是钟鼓乐。

（3）分屏竞赛游戏归纳哪些因素使曾侯乙编钟被誉为世界奇迹。

（4）播放三种不同音色的《东方红》片段音频，让学生听辨编钟音色。

（5）用101教育PPT随机检查学生任务单完成情况。

（6）用数字小结本课。

学生活动：

（1）观看图片了解之前视频中出现的其他古乐器名称。

（2）了解"钟鼓乐之"的含义。

（3）随机点名参与分屏竞赛。

（4）在八音盒、玩具钟琴、编钟三种同旋律不同音色的音乐中找出编钟音色。

（5）完成任务单交给老师检查。

（6）在老师的引导下通过回忆和曾侯乙编钟有关的重要数字，小结这一伟大宝藏。

技术、资源（含平台与工具）：

（1）101教育PPT随机点名、分屏竞赛。

（2）App录制《东方红》导出音频。

库乐队八音盒、玩具钟琴音色录制、编钟App点按录制。

设计意图：

（1）101教育PPT随机点名互动工具，有效提高了学生的课堂活动的参与度，体现教育公平原则。

（2）101教育PPT分屏竞赛激发学生好胜心理，游戏界面激发学生学习兴趣，加深其对知识点的记忆。

（3）用和编钟接近的音色让学生听辨统一曲目，检验学生对编钟音色的记忆，检验教学目标中对音色的掌握这一审美感知能力是否达成。

（4）将曾侯乙编钟相关的重要数字用思维导图的形式进行知识点归纳和小结，清晰明了，化繁为简。

【板书设计】

穿越千年的中华宝藏——编钟

曾侯乙编钟

1——世界唯一　2——一钟双音　3——共有3层

7——七声音阶　12——12平均律　2400——历史悠久

"运动损伤的处理及预防"教学设计

肇庆市端州中学　张健

课例类型：☑多技术融合环境　　□智慧教育环境　　□大单元模式
所属学科：体育与健康　　　　　使用教材：《普通高中体育与健康课程标
　　　　　　　　　　　　　　　　　　　　　准（2017年版2020年修订）》
所属学段：高一　　　　　　　　教学时长：40分钟

【课例简介】

本课通过向学生展示一些常见的运动损伤的图片，让学生对运动损伤发生的原因引起重视，并掌握一定的预防知识及应急手段，为学生身心健康及健全人格打下坚实的基础。

【教材及教学内容分析】

在日常生活、工作、运动中出现的损伤，大部分是由于对所使用的工具与设备、场地与环境、天气与温度等条件了解不足，以及准备与放松的运动习惯、安全意识不强等造成的。之所以没有养成这种防患于未然的行为习惯，主要是因为人体对损伤后所造成的伤害没有一个直观的感受。因此，本课在课堂上展示一些有关损伤的图片，让学生提高对本课教学内容的专注度和重视度，并引起曾经受过不同程度的运动损伤的学生产生共鸣。让学生了解损伤的根本原理、损伤的类型，能准确判断损伤程度和学会相应的处理方法。

【教学对象分析】

本课的授课对象为高一学生，该年龄段的学生正进入青春期，喜欢室外体育课远多于室内体育课。所以在室内理论课的设计方面一定要关注学生的特性，教学内容必须能抓住学生的眼球，同时要与生活中的一些实例联系在一起，激发他们学习的主动性。

【教学目标分析】

1. 由于是室内理论课，主要的运动能力表现在一些处理、救治手段上的练习与应用。
2. 认识运动前热身、运动后拉伸及安全意识的重要性，学会科学的救治方法。
3. 表现出勇敢、果断、互爱互助的精神。

【教学重难点分析及解决措施】

重点：让学生了解各种损伤产生背后的主要原因及处理手段。

难点：吸引学生的注意力，纠正学生轻视损伤预防的意识，培养学生运动前后热身及拉伸的习惯。

解决措施：通过情境创设，结合"互联网+"技术辅助教学，既让学生提高对本课教学内容的专注度和重视度，又引起曾经受过不同程度的运动损伤的学生产生共鸣。让学生了解损伤的根本原理、损伤的类型，掌握判断损伤程度的知识和相应的处理方法等。

【主要教学策略】

1.教法设想

① 课前导入：播放一些极具视觉冲击的运动损伤图片，引起所有学生的注意。

② 基本部分：采用多技术融合和动手操作相结合、原理与实际相结合。采用讲解示范和启发式教学等方法进行教学。

2.学法设想

以自主学习和探究性学习为主，充分发挥学生的主体地位。

【技术工具、平台、资源】

希沃白板、UMU互动平台、互联网视频。

【技术支持的教学设计思路】

1. 通过希沃白板、UMU互动平台、互联网视频，让学生回顾发生在身边的运动损伤情形，代入角色，感同身受，提高学生学习本节课的专注度。同时，通过对运动损伤成因进行分析，让曾受过运动损伤的学生对号入座，也让那些自以为是、掉以轻心的学生引以为戒，进一步提高学生的专注度和求知欲。

2. 运用希沃白板、UMU互动平台、互联网视频，和学生们一起重温人体脉搏的测量方法、动脉和动脉血的定义、功能及流经的位置，并在课堂上进行互动，让学生加深对以上多方面的认识，为接下来止血方法的介绍与运用做好铺垫。

3. 当学生们对运动损伤的损害程度、成因、分类及急救方面有一定认识后，对自身运动的自我保护意识和处理身边运动损伤的意识也同步提高，为接下来有关常见损伤及预防的教学内容创造了主动学习的条件，让学生们有针对性地进行学习。

4. 以发生在我们学校的真实个案，让同学们认识心肺复苏技术的重要性。通过现场进行心外按压的技术模仿练习，加深对该技术工作原理的理解，为日后的不时之需提供实质性的帮助。

5. 以课外作业的形式，巩固本课的学习内容，培养终身的运动意识和自我保护意识，为终身体育运动的安全性保驾护航。

【教学活动设计】

教学环节一：创设情境，导入概念

教师活动1：通过希沃白板、UMU互动平台、互联网视频等手段，采用多技术融合和动手操作相结合、原理与实际相结合。播放一些极具视觉冲击的运动损伤图片，让学生回顾发生在身边的运动损伤情形，提高学生学习本节课的专注度。

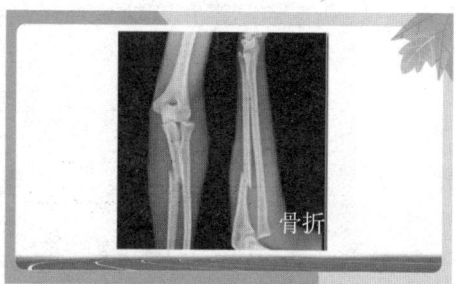

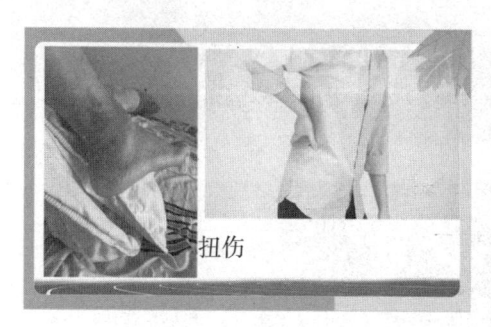

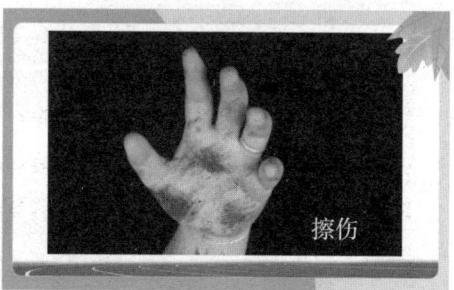

学生活动1：通过观看图片，对曾经发生在身边有关运动不当而发生的损伤进行讨论，角色代入，感同身受，提高对本课内容的求知欲及注意力。

　　教师活动2：对运动损伤成因进行分析，让曾受过运动损伤的学生对号入座，也让那些自以为是、掉以轻心的学生引以为戒，进一步提高学生的专注度和求知欲。

　　学生活动2：结合老师对各类运动损伤的成因分析，以及回忆曾经发生在自身周边的运动损伤情景，对各类运动损伤有了一个全新的认知；通过了解损伤成因，对各类损伤的预防有了更深的理解，大大提高对本课内容的求知欲和专注度。

　　设计意图：通过希沃白板、互联网视频等手段，向学生展示一些常见的运动损伤的图片，让学生对运动损伤发生的原因引起重视，并掌握一定的预防知识及应急手段，为学生身心健康打下坚实的基础。

　　教学环节二：损伤分类、处理及预防

　　教师活动1：通过希沃白板、UMU互动平台，列举运动过程中常见的损伤，让学生掌握判断运动损伤的类型、部位、程度的知识，提高遇到问题时及时进行自救或他救的能力。

PART THREE

运动损伤的分类

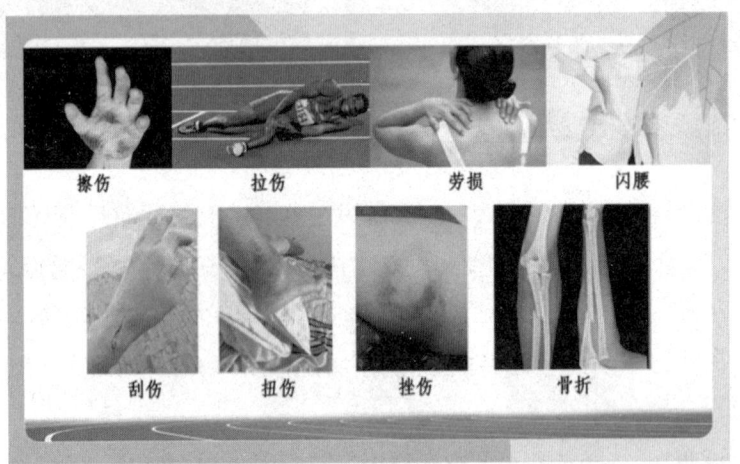

擦伤　拉伤　劳损　闪腰

刮伤　扭伤　挫伤　骨折

按照伤后皮肤、黏膜是否完整分类

01 > 开放性损伤

　　伤后皮肤或黏膜的完整性遭到破坏，受伤组织有裂口与体表相通。如擦伤、刺伤、撕裂伤及开放性骨折。

02 > 闭合性损伤

　　伤后皮肤或黏膜仍保持完整，受伤组织无裂口与体表相通。例如，挫伤、关节带扭伤、肌肉拉伤、闭合性骨折等。

按损伤的病程分类

01 > 急性损伤
直接或间接外力一次作用而致伤者，伤后症状迅速出现，病程一般较短。

02 > 慢性损伤
按病因分为两类：
陈旧伤：急性损伤后因处理不当而致反复发作。
劳损伤：由于局部运动负荷量安排不当，长期负担过重超出了组织所能承受的能力，局部过劳致伤。
病症特点：症状出现缓慢，病程迁延较长。

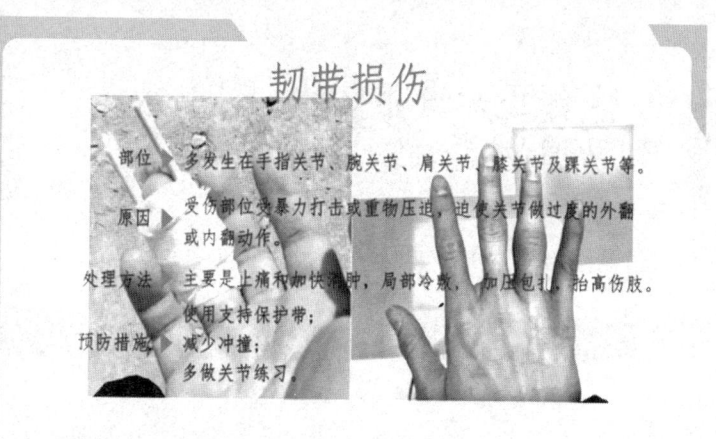

PART FOUR

常见的运动损伤处理及预防

韧带损伤

部位　多发生在手指关节、腕关节、肩关节、膝关节及踝关节等。
原因　受伤部位受暴力打击或重物压迫，迫使关节做过度的外翻或内翻动作。
处理方法　主要是止痛和加快消肿，局部冷敷，加压包扎，抬高伤肢。
预防措施　使用支持保护带；
减少冲撞；
多做关节练习。

学生活动1：结合老师的讲解，学生对日常接触的体育项目中较易出现损伤的部位、动作有更清晰的了解，同时对各项目专项热身的重要性有了更深的认识，肯定了专项热身的作用及意义。

教师活动2：通过UMU互动平台，让学生重温人体动、静脉血与动、静脉血管的区别，动、静脉血作用及流经的体表部位，为接下来学习止血、包扎、急救等内容打下基础。

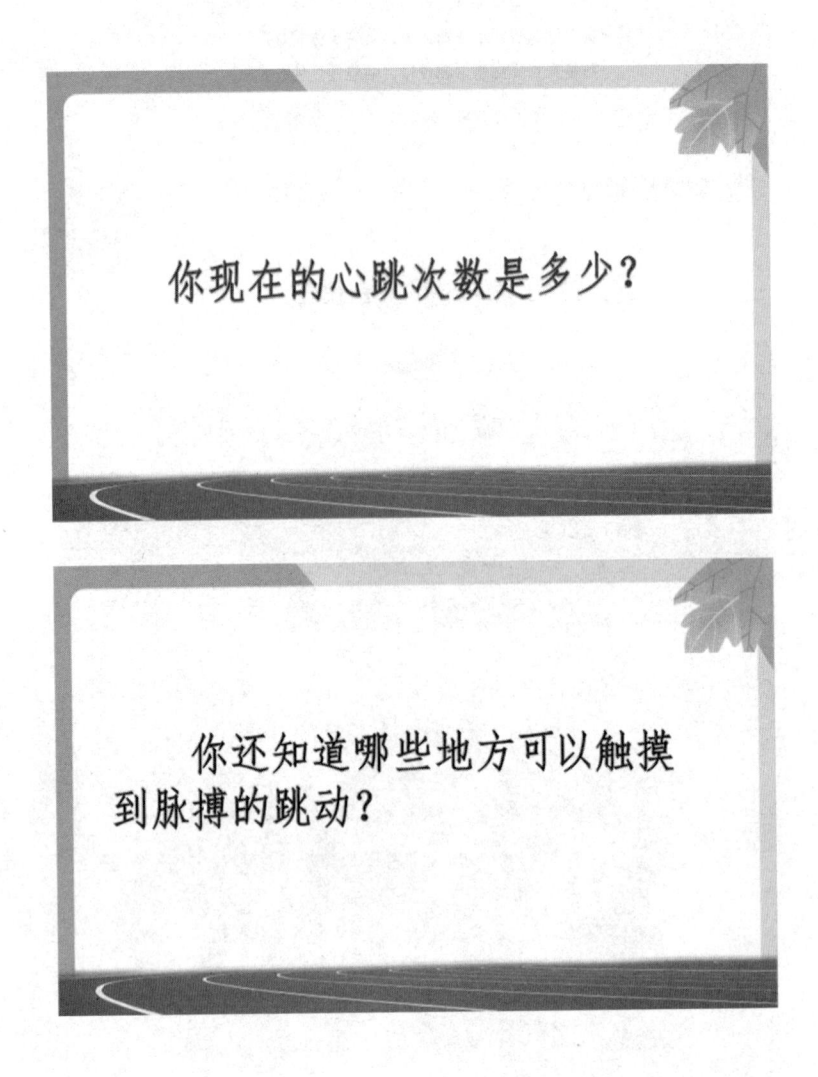

你现在的心跳次数是多少？

你还知道哪些地方可以触摸到脉搏的跳动？

加压止血的部位

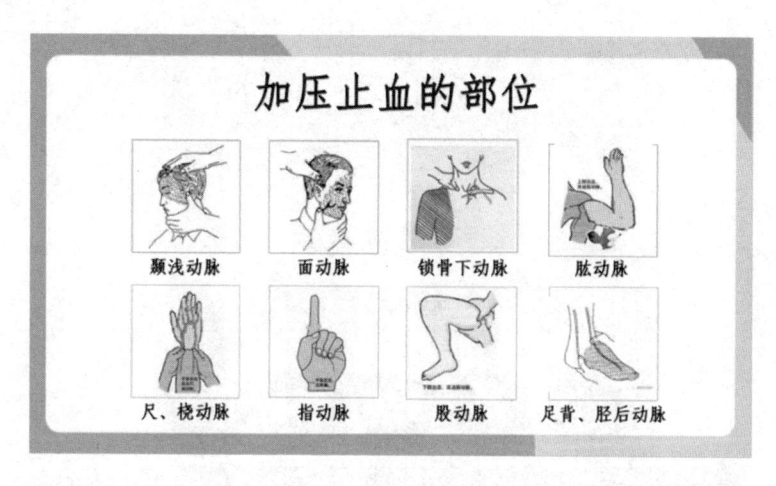

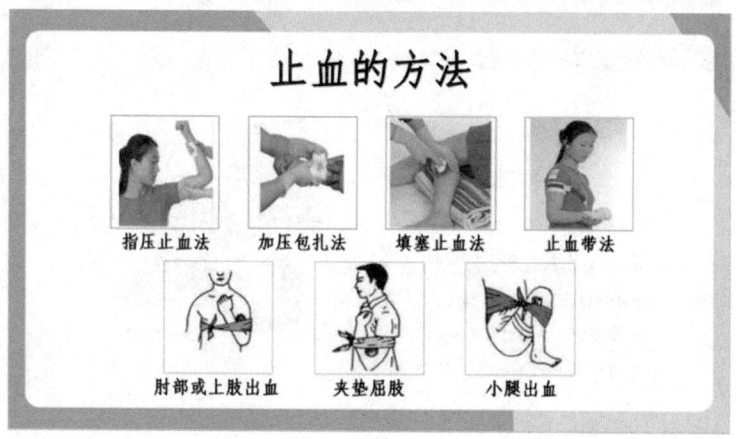

颞浅动脉　面动脉　锁骨下动脉　肱动脉

尺、桡动脉　指动脉　股动脉　足背、胫后动脉

止血的方法

指压止血法　加压包扎法　填塞止血法　止血带法

肘部或上肢出血　夹垫屈肢　小腿出血

学生活动2：通过UMU互动平台，学生交换对已知知识的理解与判断，并在教师的指引下，对自身体表动脉血管经过的部位进行定位，并通过自身加压体感和相互加压体感的方式，验证加压近端动脉血管能减少经过此处流向远端的血液量是否属实。

设计意图：通过UMU互动平台进行师生互动，了解学生对动脉血及动脉血管的理解是否存在偏差，也通过学生之间的互动，让学生对人体动脉血、动脉血管及对动脉血管体表部位进行有效加压的作用和意义有更全面的认知。

教学环节三：心肺复苏的原理及操作

教师活动1：通过希沃白板，结合教学环节二"关于动脉及动脉血的属性与功能"，进一步向学生讲解心脏的功能、作用和工作原理，让学生理解我们学习心肺复苏的目的、意义及时机把握的重要性，传递主动救助他人的正能量。

心肺复苏概述
（CPR）

争分夺秒

大量实践证明：
- 4分钟内复苏者可能一半人被救活；
- 超过6分钟存活率仅4%；
- 超过10分钟存活率几乎为0。

下落上举
支点
阻抗（胸骨下半部）
活塞（臂动）

错误

正确

手掌根部 or 整个手掌？——手掌根部！
请注意：手指要上翘！

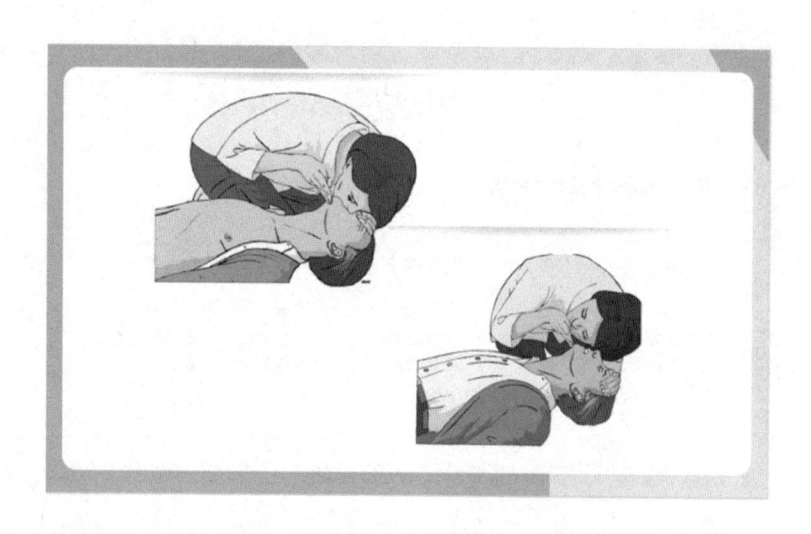

学生活动1：通过教师对人体心脏的功能、作用及工作原理的讲解，学生清晰认识了心脏对人体的供能输送与代谢产物的排出起着重要的作用，也了解了大脑神经短时间内缺氧会造成不可逆的损伤、坏死甚至脑死亡等严重后果。通过了解和学习，学生建立及时、主动的他救意识，传递主动救人的大爱精神。

教师活动2：教师对心脏按压技术的动作、力度、次数及人工呼吸技术的要点、与心脏按压的配比进行示范和讲解，并利用课桌作为人体，带领同学们一起开展心肺复苏术的模拟练习，为以后可能遇到突发的急救情况，奠定施救的意识和提高救治能力。

学生活动2：跟着教师的指导，利用课桌开展心肺复苏术的模拟练习，通过练习知晓施救时自己相对患者的位置、按压的力度、吹气的时机与气量、心脏按压与吹气的配比等，为以后可能遇到突发的急救情况，奠定施救的意识和提高救治能力。

设计意图：让学生了解心脏按压技术的动作、力度、次数及人工呼吸技术的要点、与心脏按压的配比等，为以后可能遇到突发的急救情况，奠定施救的意识和提高救治能力。

教学环节四：课后小结和作业布置

教师活动1：对本课的教学内容进行全面的总结，理顺同学们学习的思路，养成良好的运动意识，预防运动损伤的发生。

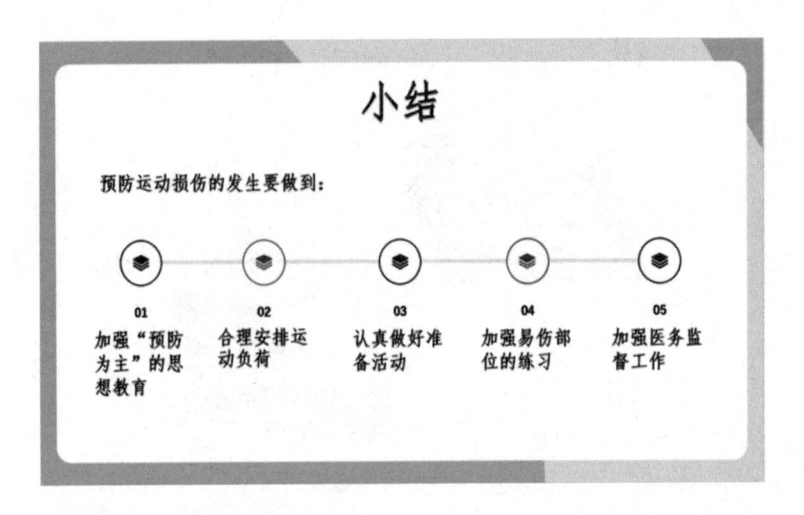

学生活动1：认真听教师对本节课的总结，养成问题思维，通过运动损伤的部位、受伤状况与程度等方面，分析损伤的成因，给出治疗方案及康复手段，同时传播健康意识。

教师活动2：要求学生课后就自身喜好的体育运动项目，制订锻炼方案，培养学生的规划意识，从而让学生树立健康的运动观。

学生活动2：围绕个人喜好的运动项目，有针对性地对本人的热身与放松、运动强度与运动量的搭配、阶段性的训练计划制订方案，培养项目研究意识、问题思维能力和规划能力。

设计意图：完成教师安排的课后作业，培养学生项目研究意识、问题思维能力和规划能力，从而让学生树立健康的运动观。

【板书设计】

课堂导入→运动损伤概述→造成运动损伤的原因→运动损伤的分类→常见的运动损伤处理及预防→小结→课后作业布置。

砚都篇

"自由落体运动"教学设计

肇庆市第六中学 陈光

课例类型：☑多技术融合环境　□智慧教育环境　□大单元模式
所属学科：物理　　使用教材：粤教版高中物理必修第一册
所属学段：高一　　教学时长：40分钟

【课例简介】

本节课主要以希沃白板为载体，应用了Excel、七天"数智作业"、班级优化大师等软件进行信息技术与课堂融合。以希沃白板多媒体课件为载体授课，用希沃白板App的"手机投屏"功能展示学生课前检测的情况反馈，用"摄像"功能实时直播演示实验，用"拍照上传"功能展示学生课堂练习情况。用自由落体运动规律探究仪来做演示实验，用数字计时器记录自由落体运动物体通过光电门的时间，简化了求自由落体运动加速度的方法。在对实验数据的处理中应用Excel表格来记录数据，并就实验数据进行快速计算，培养学生应用现代技术处理复杂数据的能力。

【教材及教学内容分析】

1.课程标准对本节课的要求。

通过学生实验与演示实验，认识自由落体运动规律。结合物理学发展史，认识物理实验和科学推理在物理研究中的作用。

2. 教材的地位与作用。

"自由落体运动"是在学生学习了匀变速直线运动后编排的，是匀变速直线运动的特例。通过对自由落体运动的探究，一方面对前面的知识进行复习和巩固，同时加强了课堂与实际生活的联系；另一方面通过学生实验与演示实验培养学生自主、合作、探究的科学精神，培养学生应用现代技术处理复杂数据的能力。因此，本节课着重复习本章知识、培养学生思维，也为后面课程的学习做铺垫。所以本节课在本章中具有重要的地位和作用。

3. 教材的编写思路。

学生在前面几节已学过匀变速直线运动知识，在引导学生回忆相关内容的基础上直接提问，引入本节主题内容，随后通过观察实验、对比分析，总结得出自由落体运动的规律。

4. 教材的特点。

本节课的内容主要是通过组织学生进行探究活动，培养学生解决实际问题、探究规律的能力，培养学生应用Excel表格处理复杂数据的能力。本节课包含大量的学生实验与演示实验，通过学生实验与演示实验让学生学习研究物理问题的方法。

5. 教材的处理。

鉴于本节内容的基础地位，同时注意到同学们在初中已经接触到这方面的知识，本节内容教学设计的理念就是以学生为主体，充分地发挥学生的主观能动性，让学生在实验探究中和在积极主动观察、思考、分析、探索、交流中获取知识，实现传统教学模式和学习方式的转变。在课堂教学过程中，关键是激发学生的学习兴趣，从而引导学生思考影响自由落体运动的因素。激发学生的学习热情，培养学生实事求是的科学态度，培养学生应用现代技术处理复杂数据的能力，同时为整章内容的深入学习打下良好的基础。

因为教材中的实验探究，实验的结论是已知的，所以实质上做的是验证性实验。因此，实验教学的目的不再是对实验结果的探究，而是通过学生实验与演示实验提升学生的实验探究能力，以及通过学生实验与演示实验数据及现象的分析，让学生体会物理规律与理想模型是如何从具体的物理现象中提取的。

【教学对象分析】

1.学生的知识基础。

通过前三节的学习，学生已经掌握匀变速直线运动的一般规律，对自由落体运动也有了一定的了解。因此，匀变速直线运动的应用规律分析、实例问题的解决就顺理成章地进行了。

在熟练掌握了应用匀变速直线运动的公式来解决一般的匀变速直线运动之后，导出自由落体运动的速度公式和位移公式。需要把自由落体运动作为匀变速直线运动的特例渗透进学生已有的知识中。同时，学生对物理学中的理想模型有了一定的认识，具备了初步的逻辑思维能力和实验设计能力。

从知识的线索看，本课属于对学生已有知识的自然拓展，是知识迁移本身的要求，学生对这种具有清晰承接关系的知识结构应该容易接受。

2.学生的心理特点。

初学高中物理知识的学生，对形象、具体的物理现象容易接受。但空气阻力"看不到"，只能通过想象进行思维演绎，这让学生在学习上有一定程度的困难。因此，需要创设具体的情境和实例，用形象的方式来克服困难，激发学生的兴趣，提高其学习、建构的积极性。

3.学生的认知困难。

根据对日常生活的观察，学生对自由落体运动规律有一定认识，但是并不科学严谨，不能形成量化规律，仅仅停留在"重的物体下落快，轻的物体下落慢"的表面认知。因此，需要通过学生实验与演示实验探究来进一步学习。

【教学重难点分析】

本节课坚持以"学生为主体，教师为主导"的教学方法。在具体的教学实施过程中，注重情境创设、基于情境设计贴合学生思维特点的问题，并以问题推动课堂发展，最后达成教学目标。

1.教学重点。

采用观察、思考、分析和实验探究法，通过大量的事实与逻辑推理分析及各种演示实验、学生实验的综合，启发学生思维，使学生从感性认识上升到理性认识。同时，在探究物理规律的过程中，引导学生自发总结所学的物理知识。

2.学法难点。

引导学生观察、想象生活现象，让学生尝试基于现象提出问题，并思考、分析，初步总结描述自由落体运动规律的物理概念。在师生共同研讨下，建构自由落体运动的概念，让学生领会物理模型概念建构的方法，形成用物理工具解释、解决问题的观念。

【技术工具、平台、资源】

硬件：教室一体机、自由落体运动规律探究仪器（含数字计时器）、智能手机、Wi-Fi网络等。

软件：希沃白板、Excel、七天"数智作业"、班级优化大师。

【技术支持的教学设计思路】

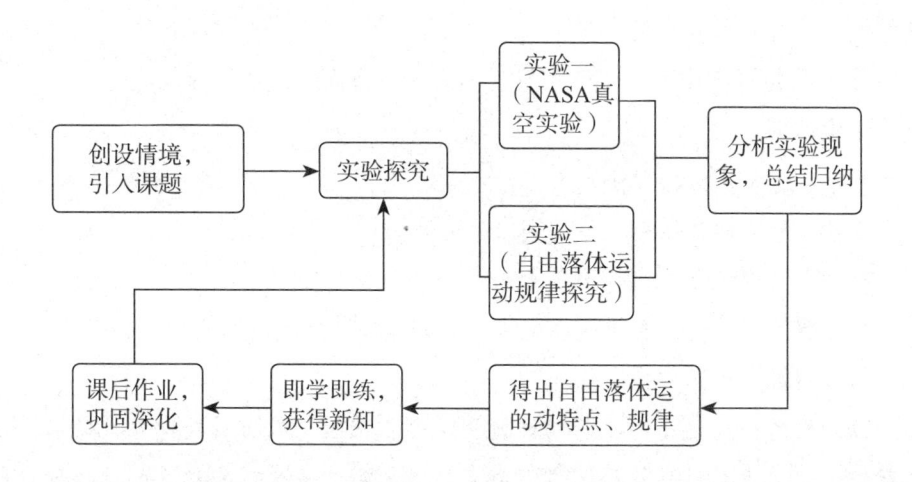

```
创设情境，     实验探究  →  实验一（NASA真空实验）  →  分析实验现象，总结归纳
引入课题                  →  实验二（自由落体运动规律探究）
     ↑                                                    ↓
课后作业，  ←  即学即练，  ←  得出自由落体运动的动特点、规律
巩固深化      获得新知
```

【教学活动设计】

教学环节一：创设情境，引入课题

① 展示课前检测结果。

② 展示视频《高空抛物的危害》，提出问题：为什么高空抛物的危害那么大？

③ 展示生活中物体下落的动图，提出问题：物体下落有什么特点？物体下落的快慢与哪些因素有关？

飘落的树叶
树上掉落的果实 } 从高处到低处的下落运动
滴下的雨水

生活经验：苹果和树叶同高度释放，谁下落得快？

教师活动：

① 通过手机投屏功能投影学生在七天"数智作业"系统的课前检测数据。

提出问题：为什么高空抛物的危害那么大？物体下落有什么特点？物体下落的快慢与哪些因素有关？

② 从常见现象出发，逐步引导学生思考，进而引出本节课的主题。

学生活动：

观察、思考、分析。

表达：与物体质量有关，与空气阻力有关。

技术、资源（含平台与工具）：

用手机投屏功能投影学生在七天"数智作业"系统的课前检测数据。

希沃白板、七天"数智作业"。

设计意图：通过手机投屏功能投影学生在七天"数智作业"系统的课前检测数据，向学生及时反馈课前预习测试情况。用学生生活中熟悉的落体现象引出课题，使学生认识到重的物体下落快是错误的。体现物理学科的实用性和可理解性，激发学生学习兴趣。

教学环节二：关于落体运动的思考

伽利略逻辑实验：

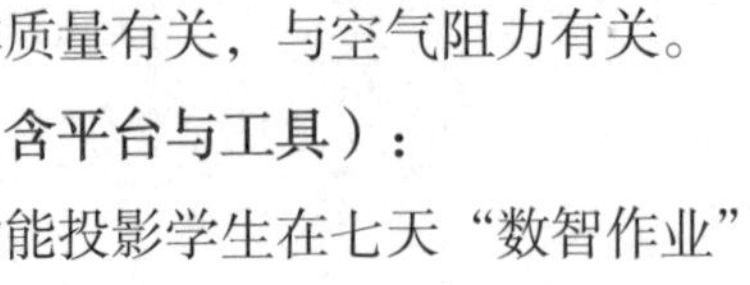

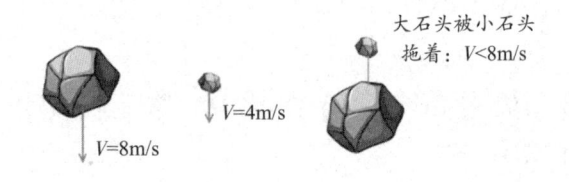

大石头被小石头拖着：$V<8m/s$

$V=4m/s$

$V=8m/s$

按理来说，大石头被小石头拖着质量更重。V应该大于8m/s，但实际V去小于8m/s，因此矛盾。

结论一：物体下落的快慢与轻重无关，与受到的阻力有关。

NASA真空实验（视频）：

结论二：初速度为0，物体只受重力的作用，下落快慢程度相同。

教师活动：

（1）希沃白板投屏学生演示实验。

（2）引导学生思考。

① 物体下落的快慢与物体质量是否有关？

② 究竟什么因素影响物体下落的快慢？

（3）引导学生准确回答问题，感受物理学科的逻辑性。

学生活动：

（1）观察、思考、分析。

猜想与结论：物体下落快慢与质量无关，可能与空气阻力有关。

（2）在NASA真空实验（视频）中观察两物体在空气中和真空中的下落情况。

分析空气阻力对物体下落快慢的影响，由实验归纳总结得出结论。

技术、资源（含平台与工具）：

（1）希沃白板投屏学生演示实验。

（2）NASA真空实验（视频）。

设计意图：

（1）利用学生熟知的伽利略逻辑实验来激起学生已有认知与实验现象的矛盾，激发学生的求知欲望，充分发挥学生的主观能动性，激起学生的学习兴趣。

（2）利用NASA真空实验（视频），启发学生思维，让学生大胆说出自己的想法。从物理视角对客观事物的内在规律进行认识，培养学生使用科学证据的意识和评估科学证据的能力。

教学环节三：自由落体运动

① 定义：物体只在重力作用下从静止开始下落的运动，叫作自由落体运动。

② A.自由落体运动本质上是一种理想状态下的运动，只在真空中才能发生。

B. 实际情况下，如果物体受到的空气阻力远小于重力，可将物体的下落过程看作自由落体运动。

例：甲同学看到乙同学从10层楼的楼顶同时由静止释放两个看上去完全相同的铁球（一个为实心球，另一个为空心球），结果甲同学看到两球不是同时落地的。他分析了两球未能同时落地的原因，你认为他的下列分析正确的是（　　）。

A. 两球在下落过程中受到的空气阻力不同，先落地的受空气阻力小

B. 两球在下落过程中受到的空气阻力不同，先落地的受空气阻力大

C. 两球在下落过程中受到的空气阻力相同，先落地的是实心球，重力远大于阻力

D. 两球在下落过程中受到的空气阻力相同，先落地的是空心球，阻力与重力比，差别较小

教师活动：

（1）引导学生在探究实验以及生活实例基础上理解自由落体运动的含义以及条件。

（2）利用学生生活中的感性经验引导学生理解自由落体运动是一种理想化的物理模型，并引导学生利用物理知识解释生活中的下落现象。使学生深刻体会物理研究中突出主要因素、忽略次要因素的研究手段。

（3）显示习题，引导学生正确思考并解答习题。

学生活动：

（1）理解、归纳、总结自由落体运动的定义和条件。

（2）结合生活经验理解理想化模型，并分析生活中重的物体下落快的原因。

（3）猜想影响空气阻力的因素。

（4）即学即练，巩固新知。

技术、资源（含平台与工具）： 班级优化大师抽取学生。

设计意图：

（1）培养学生通过物理问题，形成猜想和假设，获取和处理信息的能力。

（2）将知识作为育人的载体，充分挖掘知识建构过程中蕴含的情感因素和内在价值，培养学生强烈的家国情怀、积极的人生态度、实事求是的科学精神。

（3）利用相关习题来加强学生对自由落体运动的理解。题目基础性强，既

能巩固知识，又能加强学生的成就感，激发学生的学习欲望，增加学习的正反馈效果。

教学环节四：实验探究，形象感知，亲身体验

自由落体运动可能是什么样的运动？

1.猜想：匀速、加速、匀加速？

2.演示实验：

自由落体运动规律探究。

截取自由落体运动的不同阶段，求出加速度。

序号	Δt_1（s）	Δt_2（s）	v_1（m/s）	v_2（m/s）	s（m）	a（m/s²）
1						
2						
3						
4						
5						
6						

$$v_1=\frac{d}{\Delta t_1} \quad v_2=\frac{d}{\Delta t_2} \quad a=\frac{v_2^2-v_1^2}{2s}$$

结论：自由落体运动是初速度为零的匀加速直线运动。

教师活动：

（1）利用自由落体运动探究仪进行演示实验。

（2）引导学生根据截取的自由落体运动的不同阶段，求出加速度，判断自由落体是加速运动还是减速运动。

（3）引导学生根据给出的数据，结合测量匀变速直线运动加速度的方法，利用Excel表格计算自由落体运动的加速度，并验证分析自由落体运动的性质。

学生活动：

（1）观察、思考。

（2）两位同学参与演示实验。

（3）分析、计算与结论；自由落体运动的加速度不变。

（4）由实验归纳总结得出结论。

技术、资源（含平台与工具）：

（1）希沃白板投屏学生演示实验。

（2）自由落体运动规律探究仪。

（3）Excel。

设计意图：

（1）用自由落体运动规律探究仪演示实验"自由落体运动规律探究"，用手机实时摄像功能把演示实验投屏到一体机，让学生能够轻松、清晰地观察实验。

（2）利用Excel表格设计计算公式，方便快速计算自由落体运动的加速度。

（3）基于实验得出的结论顺理成章地引出自由落体运动，符合学生的认知规律特点，能促进学生更好地掌握知识。

教学环节五：总结归纳科学规律

自由落体运动：

根据运动性质结合匀变速直线运动的公式引导学生总结自由落体运动的公式规律。

匀变速直线运动基本公式　　　　　　　　自由落体运动基本公式

速度公式：$v_t=v_0+at$

位移公式：$s=v_0t+\dfrac{1}{2}at^2$　　　　⇔　　$v_0=0$
　　　　　　　　　　　　　　　　　　　　　　　　$a=g$

速度位移关系：$v_t^2-v_0^2=2as$

教师活动：引导学生通过自由落体运动性质结合匀变速直线运动的公式得出自由落体运动的公式。公式呈现出来，帮助学生厘清思路。

学生活动：利用刚得出的自由落体性质来总结归纳其公式。

技术、资源（含平台与工具）：希沃白板课件。

设计意图：

（1）通过实例不断引发学生的认知冲突，启发学生思维，从而帮助学生建立起正确、完整的物理知识体系。

（2）引导学生吸收、理解以概念规律形式出现的间接经验，进行有意义的知识生成。

教学环节六：课堂效果反馈

判断对错（自由落体运动性质）。

1. 在空气中自由释放的物体都做自由落体运动　　　　　　　（ × ）
2. 物体在真空中一定做自由落体运动　　　　　　　　　　　（ × ）
3. 自由释放的物体只在重力作用下一定做自由落体运动　　　（ √ ）
4. 质量越大的物体自由落体加速度越大　　　　　　　　　　（ × ）
5. 自由落体加速度的方向垂直地面向下　　　　　　　　　　（ × ）
6. 伽利略根据斜面实验结论进行合理的外推，得到自由落体运动的规律。

（ √ ）

例：从离地面80 m的空中自由下落一个小球，g取10 m/s^2，求：

（1）经过多长时间小球落地。

（2）自开始下落时计时，在第1 s内和最后1 s内的位移。

教师活动：

用班级优化大师随机抽取两组（各两名）学生在一体机上进行判断对错游戏，显示习题，引导学生正确解答。

学生活动：

（1）随机抽取两组（各两名）学生在一体机上进行判断对错游戏，其他学生认真观察、思考。

（2）即学即练，巩固新知。

技术、资源（含平台与工具）：

希沃白板课件中的课堂活动设计、班级优化大师抽号。

设计意图：

设计课堂活动使学生进一步加强对自由落体运动规律的理解，通过班级优化大师抽号，学生获得公平展示的机会，提高课堂气氛的活跃度。利用相关习题来加强学生对自由落体运动的理解，题目基础性强，既能巩固知识，又能加强学生的成就感，激发学生的学习欲望，增加学习的正反馈效果。

教学环节七：课堂小结

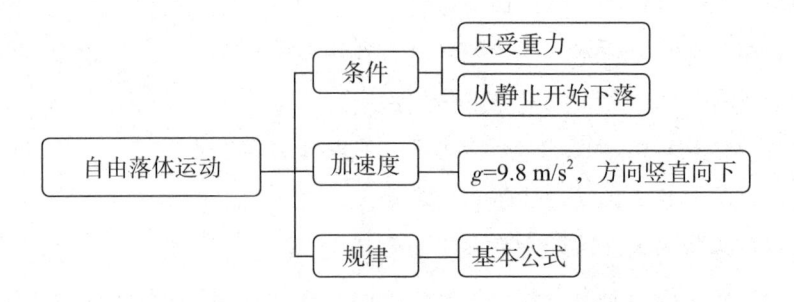

```
                    ┌── 条件 ──┬── 只受重力
                    │         └── 从静止开始下落
自由落体运动 ────────┼── 加速度 ──── g=9.8 m/s², 方向竖直向下
                    │
                    └── 规律 ──── 基本公式
```

教师活动：引导学生小结。

学生活动：总结本节课内容。

技术、资源（含平台与工具）：希沃白板课件中的思维导图。

设计意图：通过思维导图总结本节课内容，让本节课各知识点的内在逻辑关系更清晰地展示出来。

教学环节八：趣味实验，巩固深化

利用自由落体知识来计算反应的时间。

课后练习：计算反应时间

A 同学用两个手指捏住直尺的顶端，B 同学用一只手在直尺 0 刻度位置做捏住直尺的准备，但手不碰到直尺。在 A 同学放开手指让直尺下落时，B 同学立刻捏住直尺。读出 B 同学捏住直尺的刻度，就是直尺下落的高度。根据自由落体运动公式算出直尺下落的时间，就是 B 同学的反应时间。

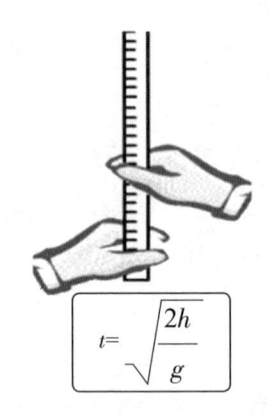

$$t=\sqrt{\frac{2h}{g}}$$

教师活动：

（1）向学生介绍测量反应时间的步骤，引导学生解释实验原理。

（2）提示学生可以通过计算将长度刻度改为时间刻度，做出一把直接可读出反应时间的反应尺。

学生活动：

（1）理解反应时间的操作过程，分析实验原理。

（2）思考制作反应尺。

技术、资源（含平台与工具）：希沃白板投屏展示学生实验过程。

设计意图：通过趣味性的小实验就可以让学生计算出自己的反应时间，激发学生动手操作的热情，在游戏中巩固知识，提高能力。

【板书设计】

2.4 自由落体运动

一、自由落体运动

定义：物体只在重力作用下从静止开始下落的运动，叫作自由落体运动。

条件：只在重力作用下；从静止开始。

性质：自由落体运动是初速度为零的匀加速直线运动。

二、自由落体运动的加速度

定义：在同一地点，一切物体自由下落的加速度都相同，这个加速度叫作自由落体加速度。

符号：g。

方向：竖直向下。

大小：$g=9.8 \text{ m/s}^2$。

三、自由落体运动的规律

速度：$v_t=gt$。

位移：$h=\dfrac{1}{2}gt^2$。

"细胞膜的结构和功能"
教学设计

肇庆市第六中学 郭祎珍

课例类型：☑多技术融合环境 □智慧教育环境 □大单元模式
所属学科：生物　　　　　　使用教材：人教版高中生物学必修一
所属学段：高一　　　　　　教学时长：40分钟

【课例简介】

"细胞膜的结构和功能"的教学设计主要是联系生活以及探究科学史，得出细胞膜的功能和成分。本节课通过引导学生联想生活实际从而引出细胞膜的功能，培养学生归纳总结和科学思维能力。

【教材及教学内容分析】

本节课为学习物质的跨膜运输打基础，是前一章节"细胞的元素和化合物"的进一步学习，起承上启下的作用。

【教学对象分析】

高一年级的学生具备一定的认知能力，观察、比较、分析、解决问题的能力和语言表达能力，学生的思维开始从具体过渡到抽象。学生在七年级上册学习过细胞膜，知道细胞膜的功能，但不清楚原因。在学习之前学习了组成细胞的分子，这对认知细胞膜的组成成分具有重要的作用。因此，需要教师在教学过程中加以引导，激发学生学习兴趣，学习细胞膜的功能和成分。

【教学目标分析】

1. 阐述细胞膜作为系统的边界所具有的功能。

2. 通过阅读探究细胞膜成分的科学史，培养学生科学思维方法和解决问题的能力。

3. 认同科学理论的形成是科学精神、科学思维和技术手段结合下不断修正与完善的过程。

【教学重难点分析及解决措施】

重点：

1. 细胞膜的功能，细胞膜的成分组成。

2. 探究细胞膜成分研究的意义。

难点：磷脂作为细胞膜成分如何排列。

解决措施：本节课紧紧围绕两个重点展开，按照细胞膜的功能、结构与功能的逻辑关系，引导学生知道细胞膜的成分。

首先，这节课以图片的形式直观展示细胞膜的功能。其次，将细胞膜成分及结构的科学史转化成为探究的情境和问题串，引导学生思考。最后，拓展"脂质体药物"相关内容，从而解决本节课的重难点。

【主要教学策略】

问题教学策略、启发式教学策略、归纳策略等。

【技术工具、平台、资源】

幻灯片、学科网、国家中小学智慧教育平台。

【技术支持的教学设计思路】

从实际问题切入教学，以解决问题贯穿于教学，不断地促进学生思考。

【教学活动设计】

教学环节：

（1）情境导入。

首先让学生观看一张图片"中国的版图，祖国的边界"，设疑"作为祖国的边界，应具备什么作用和功能"。得出结论"与别的国家有明显的分界线；控制进出口；与外界进行信息交流"。提出问题引起学生思考：细胞的边界是什么？是细胞壁？还是细胞膜？

（2）功能探究。

①运用"蛋黄和蛋清之间有明显的界线，二者被什么样的结构分隔开"引出细胞膜的功能。②运用"台盼蓝染色鉴别活细胞死细胞"实验引出细胞膜功能，并联系生活，举出另一个例子"人工合成膜材料过滤肾功能发生障碍的患者血液，净化的血液重新注射进患者体内维持患者正常生命活动"。③运用"在球场上，当发现足球向你头部飞奔过来，你会迅速躲避"这一活动思考问题：人体内有哪些细胞参与工作？它们的作用是什么？细胞之间如何实现相互沟通呢？引出细胞膜功能，并且以胰岛素作用于靶细胞、精子与卵细胞结合、高等植物的胞间连丝讲述细胞间信息交流的方式。

（3）成分探究。

以"功能和结构相适应"，从细胞膜的功能过渡到成分。让学生认真阅读第42页中的思考，进行小组讨论并得出结论：①欧文顿对植物细胞的通透性进行了上万次实验，其实验结果与相似相溶的原理类似，这说明什么？②为了确定细胞膜中的脂质成分，选择什么实验材料？原因是什么？③根据磷脂分子的结构，它在空气—水界面上会怎么样铺展？④细胞膜的两侧都有水环境存在，在这样的情况下，磷脂分子在细胞膜中是怎样排布的？⑤两位荷兰科学家测得单分子层的面积恰为红细胞表面积的2倍，由此，你能推测出什么结论？⑥丹尼利和戴维森推测细胞膜可能还附有蛋白质，请根据你所学的知识验证细胞膜是否含有蛋白质。

（4）总结升华，培养学生的科学思维。

教师通过思维导图形式引导学生归纳总结本节课的重点知识：①细胞膜的功能；②细胞膜的成分。

（5）课后作业：完成课后习题，并尝试画出细胞膜的结构图。

学生活动：

（1）学生观看图片，学生代表回答边界应有的功能，带着"细胞边界应具备的功能"问题进入新课。

（2）学生根据教师的举例进行小组讨论和思考，锻炼学生的分析能力和归纳总结能力，逐渐形成结构与功能相适应的自然观。

（3）学生学习科学史，分析归纳总结实验结果。教师通过蛋白质检测实验引出细胞膜成分的探究，使学生学会举一反三、触类旁通。

（4）学生回忆本节课的内容，进行总结归纳。

（5）学生完成课后习题，并尝试画出细胞膜的结构图。

技术、资源（含平台与工具）： 录播室、PPT。

设计意图：

（1）教师通过导入中国的版图，激发学生的爱国情怀。小组讨论得出结论，同时增加学生集体荣誉感，培养团结互作的精神，锻炼学生的表达交流能力。

（2）实验的引入激发了学生科学探索的精神和科学态度。"人工合成膜材料"的提出，使得知识和医疗手段相联系，体现科学技术的使用价值。

（3）教师通过分析科学史，渗透锲而不舍的科学探究精神，同时培养学生的梳理归纳能力。

【板书设计】

一、细胞膜的功能

1. 将细胞与外界环境分隔开。

2. 控制物质进出细胞。

3. 进行细胞间的信息交流。

二、细胞膜的组成成分：脂质、蛋白质、糖类

"降低化学反应活化能的酶：酶的作用"教学设计

肇庆市第六中学　曾韬

课例类型：☑多技术融合环境　　□智慧教育环境　　□大单元模式
所属学科：生物　　　　　　　　使用教材：人教版高中生物学必修一
所属学段：高一　　　　　　　　教学时长：40分钟

【课例简介】

课例名称："降低化学反应活化能的酶：酶的作用"。
教学对象：高一年级学生。
教学环境：课室。
教学设计理念：直观性、思考性、活动性。
教学策略：情境教学法、问题导学法。

【教材及教学内容分析】

酶是细胞代谢不可缺少的物质，是呼吸作用和光合作用反应中重要的催化物，所以，在本章的知识体系中有重要的铺垫作用。另外，本节内容在高中课程标准中要求：说明酶在代谢中的作用，这要求学生要有一定的知识背景和动手能力。本节课重难点是掌握对照实验规范，理解变量分析并能运用。

教材重点安排学生做比较过氧化氢在不同条件下分解速率的实验，引导学生自己得出结论，教材利用卡通式插图、图解和文字叙述，指出酶能显著降低活化能，结合实验要求学生体会自变量、因变量、无关变量以及对照实验设计的方法和原则。本节的实验对学习整个高中生物学实验有着非常重要的作用，是锻炼学生科学思维和培养学生科学探究能力的基石。

【教学对象分析】

教学对象为高一年级学生，此阶段的学生正处于形式运算阶段，具备较强的逻辑思维能力，且能通过观察、比较、分析等方法解决问题；动手能力较强，能完成基本的实验操作步骤，普遍对实验充满好奇心，但也容易出现理解的偏差，所以在教学过程中需要加强对实验安全和实验过程的指导，加强对探索能力的培养。此外，大部分学生仍缺乏探究精神，普遍习惯于对事物的直观描述，容易忽视实验细节，且习惯于直接接受教师讲授知识而不愿意深入思考知识，在教学中要注意激发学生的兴趣和求知欲，有意识地转换教学方式。同时学生的兴趣点往往是与生活联系密切的实际问题，因此，本节课可以从真实生活背景出发，分析实际问题，进一步激发学生的兴趣。

【教学目标分析】

生命观念：
1. 说明酶在细胞代谢中的作用。
2. 阐述细胞代谢的概念。
科学思维：提高学生比较、分析、归纳总结的能力。
科学探究：
1. 通过实验探究，学会控制变量，以及设置对照组和重复实验。
2. 在相关问题讨论中，提高学生的语言表达能力。
社会责任：
1. 通过小组间的讨论、合作与交流，培养学生合作互助的精神。
2. 让学生体会生物学是一门实验科学。

【教学重难点分析及解决措施】

教学重点、难点：
酶的作用，控制变量的科学方法。

解决措施：
这节课的目标有两个：一是酶的作用；二是进行实验的探索。在研究酶的作用这部分时，让学生代表分组演示实验，给学生直观的体验。首先，通过在不同条件下过氧化氢的分解速率，尤其是无机催化剂与酶的比较，引出了酶的催化功能；其次，通过希沃动画展现了在不同条件下反应加快的本质，突破本节课的难点，酶的作用是显著降低化学反应的活化能。

本节课设置了一些问题串，以任务驱动的方式，借助学生已有的知识经验，从最近发展区出发，促进学生内化。利用鸿合智能交互平台从化学知识基础出发，引出学生对生物催化剂——酶的认识。课堂上及时给学生做好实验指导，结合课前在e网通的资源包，为下面讲解设计生物实验的原则做铺垫。利用七天网络平台发布问题串，帮助学生真正理解生物实验单一对照的原则。

【主要教学策略】

实验演示法、讲授法、探究法、问题导学法、小组讨论法、比较法和归纳法等。

【技术工具、平台、资源】

希沃白板、PPT、视频。

【技术支持的教学设计思路】

本节课在教学环节主要使用多媒体电脑、希沃白板、多媒体课件、教学视频等资源与工具。结合实验和问题驱动，利用鸿合智能交互平台和希沃白板进行学生活动。

【教学活动设计】

（一）教师活动

1.导入。

介绍生活中的酶，如加酶洗衣粉、加酶牙膏、多酶片等，提出下列问题。

（1）酶在细胞中的作用有哪些？

（2）酶是什么物质？化学本质是什么？

2. 新课教授：酶在细胞代谢中的作用。

情境创设：细胞代谢会产生代谢废物或有害物质，如H_2O_2，但人体中的酶能催化H_2O_2水解。

实验：比较过氧化氢在不同条件下的分解速率。

（1）实验原理。

（2）实验步骤及现象（视频+实验演示）。

教师请四位同学分别做1、2、3、4号试管相应的实验，并向其他同学展示，教师要求其他学生仔细观察实验现象，并填写表格。

提问学生：不同的条件分别是什么？分解速率的观测指标是什么？

步骤		试管编号			
		1	2	3	4
一	3%H_2O_2溶液	2 mL	2 mL	2 mL	2 mL
二	反应条件	常温	90℃水浴加热	$FeCl_3$溶液	肝脏研磨液2滴
实验现象	气泡产生				
	卫生香燃烧				
	结论				

（3）讨论：填写完表格后请同学回答以下问题。

①~④见教材第77页。

⑤这个实验为什么要选用新鲜的肝脏？为什么要将肝脏制成研磨液？

⑥滴入肝脏研磨液和氯化铁溶液时，可否共用一个吸管？为什么？

（4）实验结论。

（5）实验过程的理论分析。

① 在做该实验时让学生感悟酶作为催化剂的突出特点——高效。

② 控制变量。

利用跨学科的方式，将其比作一次函数的解析式$y=x+b$，讲解自变量、因变量和无关变量。

③ 进行实验。

展示活化能的概念。

与无机催化剂相比，酶降低活化能的作用更显著，因而催化效率更高。

对比20℃时无催化剂、铂作催化剂和H_2O_2酶作催化剂时分别所需的活化能。得出结论：由于酶的催化作用，细胞代谢才能在温和条件下快速进行。

3. 总结。

细胞代谢离不开酶的原因。

4. 练习。

学生完成课后练习。

（二）学生活动

1. 导入。

学生举例生活中的酶。

学生回忆：无机催化剂的概念是什么？无机催化剂的作用、特点和条件分别是什么？

2. 新课教授。

学生思考：常温常压是细胞的内部状态，但化学反应却能高效、有序地发生，是否存在酶这种生物催化剂呢？

学生思考问题。观看实验视频，学生代表进行实验演示。

小组讨论并回答问题。

理解酶的高效性，结合数学的一次函数理解对照实验。

3. 总结。

学生完成总结。

4. 练习。

学生完成练习。

（三）技术、资源（含平台与工具）

希沃白板、PPT、视频、动画。

设计意图：

（1）导入：利用生活情境，引入课题。

（2）新课教授：借助生活实例和实验现象引入细胞中酶的作用特点，使学生领悟对照实验，突破重难点。

（3）总结：归纳总结。

（4）练习：巩固训练。

【板书设计】

酶在细胞代谢中的作用

1. 细胞代谢。
2. 活化能。
3. 酶的作用机理。

"古代的商业贸易"教学设计

肇庆市第六中学　张淑贞

课例类型：□多技术融合环境　　☑智慧教育环境　　□大单元模式
所属学科：历史　　　　　　　　使用教材：人教版高中历史选择性必修2
所属学段：高三　　　　　　　　教学时长：40分钟

【课例简介】

由于本课授课内容是新教材，为了实现新旧教材之间更好的衔接，通过重要历史概念的突破、习题讲解等方式进行讲授，对教材内容做到有的放矢，以古代中国商业贸易的表现为主要授课内容。

【教材及教学内容分析】

"古代的商业贸易"包括两个子目，分别是"商业贸易的起源与发展"和"货币、信贷、商业契约"。第一子目先概述古代商业贸易的起源，以古埃及、古希腊、古罗马、古代中国为例，勾勒出古代商业贸易发展的概况，在内容的取舍方面，考虑到授课对象是高三学生，课型是复习课，把商业贸易作为经济史的专题之一进行复习，以实现新旧教材之间更好的衔接，因此，重点讲授中国古代商业发展的历程和丝绸之路。

【教学对象分析】

本课教学对象是高三学生。经过高一、高二的学习，学生对商业贸易的内容有一定的了解，对于历史的学习方法也有所掌握。

【教学目标分析】

梳理古代商业的发展历程，按照时间顺序和空间要素，建构商业发展与农业、手工业发展的关联，培养学生的时空观念素养；通过学习历史知识思考影响古代商业发展的要素，了解工商食官、重农抑商、丝绸之路、朝贡贸易等对商业的影响。

【教学重难点分析及解决措施】

重点：中国古代商业贸易的表现。

难点：丝绸之路与对外贸易。

解决措施：通过学生自主探究学习，结合教材内容突破重点；通过重要概念解读以及讲练结合突破难点。

【主要教学策略】

本课采用多媒体教学，以时间轴、地图等方式，充分调动学生学习历史的自主性，培养学生知识整合的能力和自主探究问题的能力；通过问题创设历史情境，引导学生深入历史、体验历史、感悟历史、分析历史，从而掌握知识，提升能力，培养时空观念。

【技术工具、平台、资源】

多媒体平台。

【技术支持的教学设计思路】

对比新旧课标—多媒体投影时间轴并讲述—思考影响因素—对外贸易概况—以题代讲，扩展重要概念。

【教学活动设计】

（一）课堂导入

师：以上是本课新旧课标要求的比较，同学们请看一下，新旧课标有什么异同？

学生活动：学生对比新旧课标，找出异同。

生：相同的是都要求我们了解古代商业贸易的表现；不同的是旧课标更加侧重于古代商业贸易发展的特点，而新课标侧重的是商业贸易的工具给日常生活带来的影响。

师：根据课标要求我们掌握的内容，一起来进入本课的学习。

设计意图：学生能够通过比较新旧课标的差异了解课标要求，同时明确本课复习的重点和方向。

（二）课堂内容

1. 商业贸易的概念。

我们需要了解商业贸易的概念。到底什么是商业贸易呢？商业贸易的本质是一种交换，而交换的起源从根本上来说是因为生产力的发展，出现了社会分工、产品的剩余、私有制。随着人们生活中对交换的需求，商业贸易也随之得到发展。

本单元课题是"商业贸易与日常生活"，商业贸易的发展历程在新教材中分为3课来学习，按时代划分为古代、近代和现代的商业贸易。关于本单元的内容，我们将用两个课时来完成，这节课首先复习的是古代商业贸易的内容。

2. 中国古代商业贸易发展的表现及其影响因素。

请同学们根据以下的时间轴，梳理中国古代商业贸易发展的表现。

学生活动：学生展示作业并按照时间轴讲述自己的思路。

商代：出现商人；范围广；官府和贵族掌握。

春秋战国："工商食官"格局被打破（出现私商）。

秦汉：货币"半两钱"、车轨、度量衡的统一；丝绸之路。

隋唐：坊市制；海陆丝绸之路并举。

原因：农业、手工业的发展；大运河的开通。

宋元：打破市坊界限，夜市兴盛；交子；对外贸易兴盛；榷场。

明清：商帮兴盛；白银广泛应用；区域间的长途贩卖。

师：结合学生的作业和讲述，进行补充。

师：为什么商业贸易在不同时期能够获得发展？影响中国古代商业发展繁荣的因素有哪些？

学生活动：学生思考原因并从不同的角度概括。

政治：国家统一、政治稳定；政府的政策作用（内外政策）。

经济：农业与手工业的发展。

交通：水陆交通的便利（国内/中外）。

金融：统一通用的货币等。

市场：国内/海外市场开拓。

3.重要概念讲解。

（1）工商食官。

《国语·晋语》言"工商食官"。《春秋谷梁传》谓"鱏（人名）织绚（丝织品）邯郸"，鱏是私营性质的小手工业劳动者。《史记·货殖列传》载战国"郭纵以铁冶成业，与王者埒（同等）富"。这些现象说明（　　）

A.手工业发展适应了兼并战争需要

B.春秋时期工商食官制度已经消失

C.经济制度随着时代的发展而变化

D.私营手工业已经取代官营手工业

师：根据材料"工商食官""鱏是私营性质的小手工业劳动者""郭纵以铁冶成业，与王者埒（同等）富"，可知从夏商西周时期的工商食官，到春秋战国时期官营手工业被打破，出现富裕的私营工商业者，这说明社会生产的进步使先秦时期的工商业随着时代的发展不断发生变化，C项正确；战争不利于工商业发展，排除A项；材料只是强调相比商周时期官营手工业完全垄断市场的局面被打破了，但是依然以官营手工业为主，排除B项；D项明代中期以后，私营手工业取代官营手工业占据主导，排除。故选C项。

师：那么什么是"工商食官呢"？

"工商食官"的概念：商周时期官府垄断工商业的制度。工指的是手工业，商就是商业，也就是说手工业者和商人由官府统一经营管理，属于官营性质。

（2）重农抑商。

（2019·北京·高考真题）据《梦溪笔谈》记载，张咏任崇阳知县时，因"民不务耕织"而唯以植茶获利，遂下令将茶树全部砍掉，改种桑麻。有人入市买菜，他怒斥："汝村民皆有土田，何不自种而费钱买菜？"这反映出，宋

代（ ）

A. 官府垄断茶利，商业环境恶劣

B. 农副产品较少，货币使用率低

C. 地方官员固守重农抑商的思想

D. 商人社会地位较以往愈加低下

师：材料表明当时宋朝地方官员比较重视耕织，阻碍了商业的发展，故C项正确；A项没有体现政府垄断茶利，排除；材料没有涉及农副产品和货币的使用情况，故B项排除；材料主要体现的是对农民不种粮食的呵斥，没有体现出商人地位的变化，也没有与以往进行比较，故D项排除。

师：重农先秦以来一以贯之，但抑商不同时期程度有所差异。为什么历代都要实行"重农抑商"政策呢？

生：历朝历代采取这种措施，归根到底是因为其经济基础决定的。封建国家的经济基础是自给自足的自然经济，农业是古代重要的生产部门，直接关系到国家的兴衰存亡。此后所有的统治者都继承了重农抑商的政策，目的是保护农业生产和小农经济，以确保赋役的征收，巩固封建统治。

（3）丝绸之路。

问题：

（1）陆上和海上丝绸之路分别连接了哪些区域的商业贸易？

（2）以丝绸之路为例分析商业贸易的发展产生的影响。

学生活动：根据教材中的地图和材料思考问题，并自主梳理中国对外贸易的概况。

（2011·上海·高考真题）有人认为，中国古代某种对外贸易"在下只是些和平民众小规模的商贩活动，在上只是政府借以表示中国文化传播之一种光荣礼节而已。"下列符合这一认识的经济活动是（ ）

A. 汉朝的丝绸之路　　　　　　　B. 宋朝的海上丝绸之路

C. 明朝的朝贡贸易　　　　　　　D. 晚清的中英鸦片贸易

"朝贡贸易"就是指中国政府与海外诸国官方的朝贡和赏赐关系，也是中国古代对外贸易的重要方式之一（相对于民间贸易而言）。一般由官府控制，其目的不在于获取最大的经济效益，而是要宣扬国威，加强与海外各国的联系，满足统治者对异域珍宝特产的需求。

【学思之窗】下图是在中国北魏墓葬中出土的拜占庭帝国阿纳斯塔修斯一世时期（491—518年）的金币，这种金币在中国出土数量很多。

选项1：

A. 体现了孝文帝改革的积极作用

B. 反映了海上丝绸之路的繁荣景象

C. 说明拜占庭帝国已实行了金本位制度

D. 可作为中国与东罗马帝国商贸往来的实物史料

选项2：

①商业契约　②商贸往来　③冶炼技术　④商业中心

A. ①②　　　B. ①③　　　C. ②③　　　D. ②④

选项3：

A. 黄金为古代中国的流通货币　　B. 商品经济的高度繁荣

C. 古代中西方密切的商贸联系　　D. 中国是世界贸易中心

学生活动：学生思考题目并分析选项。

师：从这道题目，我们可以看出，同一个题干可以有不同的选项，可以从不同的方面进行组合，由此，我们在判断选项正误时要坚持以材料为中心，论从史出，找准材料主要在讲什么事情，以不变应万变。

呈现高考题，考查学生对本课学习内容的掌握情况，并拓展该题型的解题方法。

拓展：

特点题如何做？

（1）根据材料，逐句归纳（注意材料中的关键词）。

（2）留意时空、目的、内容、程度、范围、主体、影响、阶级等角度，注意使用概括性语言、定性用语、历史专业术语，进行正面陈述。

（3）常用答题用语：

① 涉及主体：广泛多样/单一……主导。

② 时间：起源早/晚，持续时间长/短，阶段性。

③ 色彩：宗教色彩、神权色彩、近代色彩。

④ 过程、趋势：新旧融合/交替，平民化、世俗化、大众化、封建化、体系化、专门化、规范化、法治化，更加……具有……倾向……与……同步。

⑤ 性质：随意性、主观性、包容性、正义性、妥协性、渐进性。

⑥ 目的：为……服务，以……为目标，注重……强调……以……为主。

⑦ 程度：完整、彻底、片面/全面、局部、合理、均衡。

⑧ 方式：……并举，以法律为手段，恩威并施。

【板书设计】

1. 商业发展的表现。

2. 影响因素。

3. 对外贸易的概况。

4. 重要概念。

"资源跨区域调配"教学设计

肇庆市第六中学　沈俊志

课例类型：☑多技术融合环境　　□智慧教育环境　　□大单元模式
所属学科：地理　　　　　　　　使用教材：人教版高中地理选择性必修2
所属学段：高二　　　　　　　　教学时长：40分钟

【课例简介】

本课"资源跨区域调配"的教学依据新课程标准进行设计，通过多技术平台的融合应用落实教学目标，达成教学目的。多技术融合的应用可以提前了解学生的学情，并针对学情进行设计，开展教学，让学生更容易掌握和巩固知识。

资源跨区域调配是我国经济发展中不可或缺的一个环节，我国虽然拥有的自然资源种类丰富，但是存在人均占有量少、分布地区不均衡的问题。我国东部经济发达的地区自然资源缺乏，而经济欠发达的中部、西部地区的自然资源却较为丰富。因此，为了促进经济的发展，使自然资源得到合理的配置，必须进行资源的跨区域调配。学生可以通过观察、思考、探究等方式了解我国的自然资源分布状况，探究得出自然资源跨区域调配的原因以及影响，培养区域认知、综合思维、地理实践能力，以及人地协调观。

【教材及教学内容分析】

本节课结合新课程标准的要求主要从以下几方面对资源的跨区域调配进行

讲解。首先，介绍了资源跨区域调配的原因以及我国建设的大型资源跨区域调配工程；其次，通过对西气东输案例的学习，让学生能举一反三，自主探讨资源跨区域调配工程建设的原因和现实意义，理解资源分布不均衡性和经济发展不均衡性普遍存在，树立正确的人地协调观，认识区域可持续发展的重要性。本节课的内容有利于培养学生分析问题、解决问题的综合地理思维能力。

【教学对象分析】

本节课的教学对象为高二学生。进行本节课教学之前，学生在初中已经学习了部分自然资源知识，对我国的部分区域也有所了解，为学习本节课我国自然资源的分布状况及探究资源跨区域调配的原因和影响奠定了一定的基础。但是，由于本节课涉及的内容范围较广、逻辑分析较强，而学生相关的分析问题能力和逻辑思维能力还未充分发展，需要教师充分引导。此外，基于学生对资源有一定程度的了解，所以可以通过视频、图文资料等引导学生关注身边的资源跨区域调配情况，提高学生对该内容的学习兴趣。

【教学目标分析】

1. 区域认知：认识区域自然资源的储量、产量与经济发展程度；熟悉西气东输所在区域的区域特征。

2. 综合思维：通过分析案例，理解资源跨区域调配工程对调入区和调出区经济发展与环境的影响；认识区域自然资源与经济发展的关系，会分析区域资源跨区域调配工程的背景和意义。

3. 地理实践力：有能力调查某地是否存在资源短缺问题，分析问题存在的原因，提出解决方案。

4. 人地协调观：理解区域资源条件对人类活动的重要性；理解资源贫乏地区解决资源短缺问题的措施；树立区域优势互补、协调发展的理念。

【教学重难点分析及解决措施】

教学重点：结合实例，分析自然资源跨区域调配的原因，分析资源跨区域调配对调入区、调出区的经济、社会、环境正面和负面的影响。

解决措施：学生利用导学案进行课前预习，课中通过实例分析、小组合作突破资源跨区域调配的影响这一重点，侧重分析各部分的正、负面影响，培养学生的辩证思维。

教学难点：结合实例，说明资源跨区域调配对区域发展和自然资源合理利用的重要意义。

解决措施：以"西气东输"工程为例，从区域整体性角度思考，从全国、东部地区、西部地区等不同层级区域分析区域间的协调发展，利用教材"活动"资源，以新疆天然气资源开发为例，分析新疆天然气的开发与利用，落实自然资源合理利用的重要意义，还可以通过"南水北调""北煤南运"等工程资料进行拓展，突破难点。

【主要教学策略】

课前，通过e网通和七天网络平台进行网络微课预习、课前测验和学情数据分析，了解学生本章节的知识基础。课中，运用网络视频及图片资源进行新课导入，结合希沃白板、鸿合智能交互教学平台进行课堂讲授和教学资源的展示，其中，运用鸿合展台投影展示学生的学习成果，实时掌握学生对知识的掌握情况，突破难点，达成教学目的。课后，运用e网通和七天网络平台进行课后检测与课堂知识回顾，让学生巩固本章节的知识内容。

【技术工具、平台、资源】

e网通、七天网络平台、希沃白板、网络视频及图片资源、鸿合智能交互教学平台。

【技术支持的教学设计思路】

本节课以"创设情境—归纳概述—案例分析—拓展应用"的思路开展。

【教学活动设计】

教学环节一：课标解读

教师活动：展示课程标准要求，明确章节教学目标。

学生活动：认真听讲并做笔记。

技术、资源（含平台与工具）：鸿合智能交互教学平台、希沃白板。

设计意图：从课程标准出发，明确教学目标，有利于学生清楚认知章节教学的重难点，明确目标方向。

教学环节二：新课导入

教师活动：播放《西气东输工程》新闻视频资料。思考：①西气东输工程建设的原因。②西气东输工程建设对我国西部、东部地区的影响。

学生活动：观看视频并思考。

技术、资源（含平台与工具）：网络视频、图文资源。

设计意图：提高学生学习兴趣，培育学生的爱国情怀，扩展学生西气东输的背景知识，带着问题进入课堂。

教学环节三：资源跨区域调配与区域发展

教师活动：创建真实情境，具体讲解资源跨区域调配与区域发展的关系。

学生活动：学生课前预习并完成导学案。

技术、资源（含平台与工具）：鸿合智能交互教学平台、导学案。

设计意图：以导入案例学习掌握基础知识，为后面的教学做铺垫。

教学环节四：实施西气东输的原因

教师活动：提供西气东输工程线路示意图及相关资料，以问题式教学的形式开展教学，落实学生对工程概况的了解任务。提供我国各地区能源生产、消费图和我国能源消费结构图，以及煤炭和天然气特点比较图等资源，引导学生读图分析总结。

学生活动：在教师的引导下读图分析解决问题。

技术、资源（含平台与工具）：网络图文资源、鸿合智能交互教学平台。

设计意图：提高学生读图分析能力，从实际案例中掌握本环节知识。

教学环节五：探究活动

教师活动：展示"分析新疆天然气资源的开发条件"的活动资料，提出问题：分析自然条件对新疆天然气开发的影响。讨论新疆社会经济条件对天然气开发的影响。

学生活动：小组合作，根据所给的活动资源，认真分析、思考，收集归纳小组内答案，并通过平台展示小组合作成果。

技术、资源（含平台与工具）：鸿合智能交互教学平台、希沃白板。

设计意图：分组探究提高学生的小组合作能力，适时评价引导学生正向发展。

教学环节六：西气东输对区域发展的影响

教师活动：组织学生分小组总结西气东输对西部地区、东部地区的影响。从整体性角度，总结资源跨区域调配促进区域的协调发展。

学生活动：根据任务完成导学案。

技术、资源（含平台与工具）：鸿合智能交互教学平台、导学案。

设计意图：学生通过导学案预习、总结知识，有利于在课堂上更好地掌握知识。教师能合理安排教学环节的时间。

教学环节七：练习巩固

教师活动：引用千岛湖引水工程例题。以千岛湖引水工程为背景，以相关图文信息为材料，设置问题：①简析作为水乡的杭嘉湖地区新建引水工程的原因。②指出该引水工程全程采用隧洞、管道方式封闭自流输水的益处。③该引水工程从提出至今，仍有专家持有不同意见，简述其反对的理由。

学生活动：学生课堂进行限时训练，分析题目，组织并书写答案，小组交流讨论。

技术、资源（含平台与工具）：鸿合智能交互教学平台、希沃白板。

设计意图：以限时训练的方式提高学生利用题中信息和所学知识分析地理问题的能力、综合思维能力，内化并应用知识。

教学环节八：课堂小结

教师活动：运用思维导图的方式对本章节的内容进行总结。

学生活动：学生归纳思考。

技术、资源（含平台与工具）：希沃白板。

设计意图：便于学生厘清章节脉络，掌握知识间的联系，构建系统的知识框架。

教学环节九：课后检测

教师活动：利用教学平台布置课后检测任务。

学生活动：学生自主完成。

技术、资源（含平台与工具）：七天网络平台、e网通。

设计意图：检测学生知识的掌握情况，为下一章节的讲授提供依据。

【板书设计】

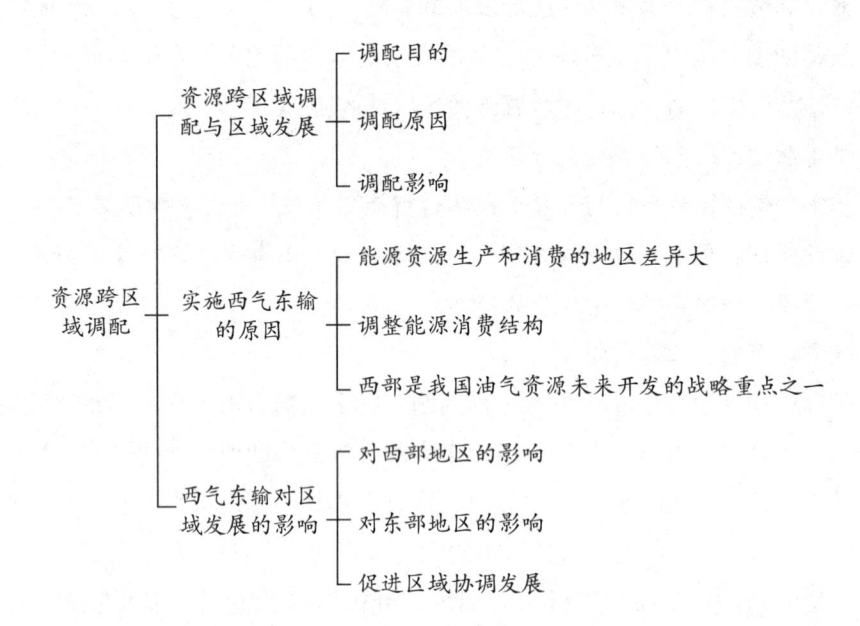

资源跨区域调配
- 资源跨区域调配与区域发展
  - 调配目的
  - 调配原因
  - 调配影响
- 实施西气东输的原因
  - 能源资源生产和消费的地区差异大
  - 调整能源消费结构
  - 西部是我国油气资源未来开发的战略重点之一
- 西气东输对区域发展的影响
  - 对西部地区的影响
  - 对东部地区的影响
  - 促进区域协调发展

"心海生涯　筑梦起航"教学设计

肇庆市第六中学　伍婉军

课例类型：☑多技术融合环境	□智慧教育环境　　□大单元模式
所属学科：主题班会	使用教材：广东高教版《高中生生涯规划》
所属学段：高一	教学时长：40分钟

【课例简介】

本节课是关于生涯规划的主题班会，对象主要是高一的学生，本课设计从性格与职业出发，帮助学生认识自我、发现自我、探寻自我方向，通过情景设置、问题探讨，系列活动渗透的方式，以任务驱动的形式进行课堂教育，潜移默化地帮助学生自我思考、自我认清，从而推动他们做好人生规划，实现美好人生。

【教材及教学内容分析】

本教材是关于高中学生生涯理论介绍与生涯实践活动指导用书。作为第二单元"探索自我"的第一节"性格与职业性格"，从性格角度出发，分析性格与职业性格，再从MBTI职业性格倾向出发，帮助学生了解自己的职业性格倾向，从而使学生更了解自我，便于学生做出职业选择。

【教学对象分析】

本课的对象主要是高一的学生，高一学生处于人生分水岭，对未来充满了迷茫和不安，加上学生的人生定位和理想定位还不够成熟，致使学生没有找到自己的人生目标，也没有奋斗的人生方向。为了帮助学生走好人生路，使其对高二的分科选择和理想大学选择更有方向，需要对学生进行适当的人生指导。

【教学目标分析】

知识目标：学生充分认识生涯规划的重要性，了解MBTI职业性格、基本的职业规划流程。

能力目标：通过分享、讨论、探索，学会寻找自己的性格特点，根据性格匹配相适应的职业；根据个人的性格特点，掌握职业规划的方法。

价值观目标：加强对自我的认识，形成初步的职业兴趣和人生方向，激发学习动力。

【教学重难点分析及解决措施】

重难点：自我性格和职业关系。

解决措施：通过活动和情景设置，以任务驱动的形式进行课堂教育。

【主要教学策略】

视频导入—问题探讨—小组活动—情景模拟—自我行动。

【技术工具、平台、资源】

多媒体资料。

【技术支持的教学设计思路】

使用多媒体教学平台播放视频，通过小组合作和填写表格进行教学。

【教学活动设计】

老师活动：各位同学大家好，不知道大家有没有想过长大后我们要从事什么职业？

学生活动：学生回答（如果没有，老师可以继续问"如果大家还很羞涩不敢回答，不如我们看一个视频，给大家一点建议"）。

活动：播放《令人心动的offer》视频。

设计意图：

视频导入和设置问题：①你认为她最后能得到offer吗？为什么？②你认为她做律师和公务员，哪个职业会更开心，为什么？③如果站在职业规划的角度，你会给这位面试者什么建议？④你认为在职业选择上自己意愿和父母的建议哪个更重要？让大家思考自己是否也对自身的性格和职业有清晰的认知。

学生活动：小组回答问题。

教师总结：事实上，我们可以发现视频中的女孩其实并没有对自己有清楚认识，所以她彷徨和不知所措，而我们，可以先探索自我，加强对自我的认识，了解自己的性格、职业兴趣，然后了解社会上有什么实现我们理想职业的渠道，并最终确立我们的目标，付诸行动。事不宜迟，我们来看一下，如何才能做好职业规划，为自己的人生道路树立奋斗的目标和明晰的方向。

学生活动一：探索职业，说出你认识的职业

要求：根据《中华人民共和国职业分类大典（2022年版）》，请你和小伙伴一起按照分类写下尽可能多的职业，然后选取你最感兴趣和希望成为的职业，并与同学分享。

设计意图：通过活动的方式，学生首先了解有什么职业，扩大学生对职业的认识，以便更好地为认识性格做好铺垫。

教师总结：大家对传统职业都有认识，如教师、医生、公务员、消防员、律师、建筑师，但还有很多职业是在新时代涌现的，如带货主播、酒店试睡员、调酒师等，怎么找到合适自己的理想职业呢？

学生活动二：认识自己，寻找合适自己的理想职业

要求：学生根据工作卡匹配性格与职业，并说出原因。测试学生的性格倾向，寻找适合自己性格的职业。

设计意图：通过活动的方式，学生了解性格和职业的关系，认识自己的特质，可以让择业更有方向。

教师总结：事实上，有很多职业是我们传统的意识中没有的，有可能不同

的性格适合相同的职业，哪怕是一种职业，也可以有不同性格的人去从事，因此，对职业的兴趣和爱好将影响你的职业生涯。为了更好地认识自己的性格，我们介绍一个有趣的测试——MBTI职业性格倾向测试。

学生活动三：寻找自己的性格类型

要求：学生根据MBTI职业性格倾向测试纸，选择自己的执行性格倾向，并且匹配相应的职业。

设计意图：通过活动的方式，学生对性格和职业有更清楚的认识，强调性格没有绝对好坏之分，可以选择和自己性格匹配的职业，更好地发挥性格优势。

教师总结：如果我们选择好了和自己性格匹配的职业，就会感受到喜悦和快乐，当然，除了性格匹配外，我们还需要选择自己感兴趣的职业，因为兴趣是最大的推动力。我们可以看一下。湖南耒阳留守女孩钟芳蓉以文科676的高分坚定选择北京大学的所谓"冷门"专业——考古而引发了热议，有人说："读历史和考古，就业的时候就能体验社会的残酷，留守女孩，不是应该读更赚钱的专业？"又如前面视频中的女孩，公务员和律师，哪个更安稳？父母意见是否最重要？

学生活动四：简单针对老师的问题发表自己的看法

设计意图：通过与视频呼应的新闻热搜，学生处在现实的考量中，思考兴趣与职业选择的关系，从而思考自己的人生定位和选择。通过钟芳蓉的故事与导入环节的女孩经历，梳理在寻找职业过程中，应该如何处理性格、兴趣、理想、自我意愿与父母意见的关系。

教师总结：大家刚才都发表了自己的看法，我们发现，职业选择并不简单，那我们来一个情景模拟，看看如何能找到自己合适的职业。

学生活动五：做好选择，为理想照进现实做好准备

情景1：明明是一个不善于交际的人，但他很喜欢历史和看影视作品，和相熟的人相处，聊起兴趣话题时总是侃侃而谈。请你根据明明的性格特点和爱好，为他规划一份理想职业。要选科分班了，明明一下子焦虑了，请你帮帮明明，他为了实现理想，应该怎样做出合理选择？

情景2：明明回到家里，和妈妈聊了一下困惑，他想读电视编导，可是妈妈也坦诚，家里的经济条件可能并不允许，但妈妈也不想明明失望，此时，如果你是明明，你会如何处理？

设计意图：通过情景设置，让学生学以致用，并且思考自我的人生规划。

教师总结：人生需要航向，为了更好地扬帆起航，需要尽早做好职业规划，成就更好的自己。我们可以从以下方面努力，第一，做好第一次人生规划，经营自己的人生路；第二，努力拼搏；第三，当选择不适合自己的时候，做好第二次这样的准备；第四，勇于承担责任，不断提升自我。

未来可期，愿每一个同学都能在青春开启的时候，为自己的人生找寻正确航向，乘风破浪，直挂云帆！

【板书设计】

1. 职业规划的过程：探寻自我—了解社会—规划行动。

2. 性格与职业：MBTI职业性格倾向测试。

3. 做好个人的职业规划：了解性格，挖掘兴趣、树立正确的价值观、增加职业认知。

"性格与职业"教学设计

肇庆市第六中学　梁霖

课例类型：☐多技术融合环境　☑智慧教育环境　☐大单元模式
所属学科：主题班会　　　　使用材料：田家炳基金会"共创成长
　　　　　　　　　　　　　　　　　　路"课程
所属学段：高二　　　　　　教学时长：40分钟

【课例简介】

高二学生将面临高考后大学专业的选择或择业的选择，高二学生提前做好职业规划有助于未来做出更加理性、合适自己的决策，也有利于做好当下的学习规划，为将来择业打下基础。本节课设计意图是让学生对自我和职业进行了解与探索，通过案例引导学生认识到人格特质与职业倾向，并通过模拟面试明晰自己的人格特质，有助于启发学生在将来就业中扬长避短。

【教材及教学内容分析】

1. 通过问题导向引导学生思考未来如何选择理想职业。
2. 学生通过活动了解就业市场，认识社会上不同类型职业的特性及岗位对学历、性格、个人能力等方面的要求。
3. 让学生了解个人条件与现实工作的要求，为以后确定择业方向提供思路。

【教学对象分析】

高二学生将面临高中毕业后对职业的选择或对大学专业的选择，学生提前做好职业规划有助于未来做出更加理性、合适自己的决策，为将来做好规划。

在新高考政策下，学生尽早明确日后择业方向，促进学生在高中阶段合理选科，能明确学习方向和提高学生的学习动力。

【教学目标分析】

1. 帮助学生认识不同类型职业的性质和要求。
2. 学生通过活动了解就业市场，认识社会上不同类型职业的特性及日后可选择的工作种类。
3. 让学生了解个人条件与现实工作的要求，明确日后的择业方向。

【教学重难点分析及解决措施】

教学重点：启发学生根据自身兴趣爱好、个人性格和能力特点、就业市场不同岗位的要求思考未来择业方向。通过情景模拟活动让学生在自身情况与现实职业要求中寻找平衡点，学会对自己的理想职业进行规划。

教学难点：学生对自我认知程度和职业探索能力有待提高，需要在教学中通过模拟求职、模拟面试、案例分析和课后作业进行性格与职业测评等手段，帮助学生更好地了解自身和理想职业的匹配情况。

解决措施：促进学生认识自身特点，了解自身性格与理想职业的匹配程度。通过职业匹配、了解就业岗位需求、模拟应聘等活动促进学生思考，提升对自身职业规划的能力。

【主要教学策略】

合作学习、体验式学习（情景模拟）、基于问题的学习。

【技术工具、平台、资源】

希沃白板、多功能录播室、附件1~5、视频《六中往届毕业生对职业选择的思考》。

【技术支持的教学设计思路】

希沃白板可以实时控制教师活动和学生活动的时间分配，录播室的多媒体设备可以播放课件和相关视频资源。

【教学活动设计】

环节一：自我审视择业的方向

教师活动：导师通过问题导入，层层设疑，启发学生思考未来的择业方向，并确定这选择的依据。

老师问学生："想象一下若能穿越到未来，未来的你想做什么工作，你心目中的理想职业是什么？"学生自主回应。老师依据学生提及的职业再次问学生："你是依据什么原则来选择理想职业？是按照自己的兴趣爱好、职业的发展前景还是其他原因？"

老师小结："同学们未来可能会选择不同的职业，在我们选择职业时除了自身兴趣和职业发展前景外，还有什么因素是需要考虑的呢？"引入本节课的主要活动。

设计意图：运用学生感兴趣的穿越未来为背景，启发学生思考未来的择业方向，从而引出本节课的主题——理想职业。

环节二：探索职业的性质与要求

学生活动：学生通过求职广告了解社会上的职业种类及其要求。

技术、资源（含平台与工具）：附件1、附件2、附件3。

（1）学生按6~8人分成一组，每组随意派发两张人物卡（附件1）及求职广告（附件2）。

（2）小组成员根据小组工作纸（附件3）的指示，分析人物卡中主角的各项特质，并为他配对一份合适的职业。

（3）每组有5分钟的时间分析、讨论及填写结果。

（4）完成小组工作纸后，老师邀请每组汇报他们配对的成果及解释配对的理论依据。

老师小结：

（1）社会上有各式各样的职业，其要求和工作性质各有不同。

（2）如果你想从事某一职业，首先你要了解这份职业的性质和要求。

（3）了解职业性质和要求可以帮助我们尽早做出准备与相应的规划，比如，思考你要准备什么才能让自己符合这些工作的要求。

（4）不同职业类型对学历的具体要求不同，要多了解各行各业的要求，才能找到努力的方向。

设计意图：学生从资料中获取信息，了解社会上各种各样的职业和其工作性质、工作要求。学生通过职业配对活动，思考如何规划未来才能让自己符合自己理想职业的要求，找到高中阶段应该努力的方向。

环节三：个人条件与理想职业选择的关系

教师活动：向每位学生派发附件4工作纸。学生在5分钟时间内完成填写工作纸。

技术、资源（含平台与工具）：附件4、附件5。

学生活动：情景模拟——我的第一次面试

教师邀请5位同学扮演"××集团"的人力资源主管、副主管、董事长、总经理、董事长秘书，并作为面试官对面试者进行面试。请2位同学根据个人简历扮演应聘者进行模拟面试。其他同学作为观察员，在面试过程中观察员需保持安静。面试结束后，各位面试官根据应聘者表现给出反馈和最终面试结果。

教师分别提问求职者、面试官、观察员。

（1）面试过程中，你遇到什么问题？你是如何解决的？如何才能让自己在面试过程中脱颖而出？

（2）作为面试官，你会考虑哪些条件，你会注重哪些部分？你给应聘者的建议是什么？

（3）如何能让自己找到一份理想的工作？

（4）当理想和现实发生矛盾时，你会如何抉择？

教师活动：教师小结。

我们的个人条件是择业的基础，理想职业的选择需要考虑多方因素。虽然理想和现实总会存在差距，但我们可以提前做计划，向着理想职业的方向努力。

设计意图：引导学生了解不同职业的要求和工作性质，帮助学生为自己未来定下方向，让学生可以更有目的地规划自己的人生。引导学生明白个人的条件、兴趣与现实就业市场是有差距的，要合理计划并做出适合自己的工作选择。

环节四：自我反思

老师在课堂结束前，派发"反思题"，让学生反思并填写"反思题"。老师对本节课中学生的合作表现加以鼓励和赞赏。

技术、资源（含平台与工具）：视频——《六中往届毕业生对职业选择的思考》

设计意图：分享往届毕业生对择业的反思，启发学生结合自身情况反思自己选择自己的理想职业。

【板书设计】

理想职业

1. 自我审视择业的方向。

2. 探索职业的性质与要求。

3. 个人条件与理想职业选择的关系。

"理想职业"教学设计

肇庆市第六中学 黄伟力

课例类型：□多技术融合环境　☑智慧教育环境　□大单元模式
所属学科：主题班会　　　　使用材料：田家炳基金会"共创成长
　　　　　　　　　　　　　　　　　　路"课程
所属学段：高二　　　　　　教学时长：40分钟

【课例简介】

通过本节班会课的学习，学生了解就业市场，认识社会上不同类型职业的特性及日后可选择的工作种类。帮助学生辨识不同职业类型的性质和要求，让学生反思个人条件与现实工作要求之间的距离。

【教材及教学内容分析】

1. 自我认知：教师通过情景模拟，让同学们了解自己的性格、兴趣爱好和优势，并在小组内讨论和分享。

2. 职业探索：教师通过案例分析，让同学们了解不同职业的特点和要求，并在小组内探讨和交流。

3. 职业规划：教师通过角色扮演和体验式教学，让同学们了解职业规划的重要性，并能够制订自己的职业规划。

【教学对象分析】

本次班会课的对象为高二学生。他们处于青春期，性格多变，兴趣爱好丰富，但对自己的职业规划和未来发展缺乏清晰的认识。因此，本次班会课旨在通过自我认知、职业探索和职业规划等环节，引导学生了解自己的兴趣爱好和优势，并能够为自己的职业规划做好准备。

【教学目标分析】

1. 知识与技能目标：帮助学生认识不同类型职业的性质和要求，懂得什么是理想职业，了解理想职业的重要性。

2. 过程与方法目标：让学生了解所具备的条件与现实工作的不同要求，掌握具体分析方法的迁移使用。

3. 情感态度与价值观目标：通过探究学习，让学生重视理想职业，树立学生从事理想职业的信心，培养学生奋斗的精神。

【教学重难点分析】

教学重点：引导学生了解自己的兴趣爱好和职业规划的重要性，并能够为自己的职业规划做好准备。

教学难点：学生的自我认知和职业探索能力有待提高，需要在教学中加强引导和讨论，帮助学生更好地了解自己和职业。

【主要教学策略】

自我评价、小组评价、教师评价等。

【技术工具、平台、资源】

希沃白板，多功能录播室。

【技术支持的教学设计思路】

希沃白板可以实时控制班会的进度，多功能录播室方便直播和录像，以供同学学习与评价。

【教学活动设计】

1. 引发动机。

（1）老师问学生："假如穿越到未来，未来的你想从事什么样的工作，你心目中的理想职业是什么？"（发职业表格，以供学生参考选择）。

（2）学生自由回应。老师根据学生提出的职业再问学生："你是根据什么来选择理想职业？是自己的兴趣、职业发展前景或者其他？"

（3）老师小结："同学们未来可能会选择不同类型的职业，在我们择业时除了个人兴趣和职业发展的前景外，还有什么是需要我们考虑的呢？"从而引入本节课的主要活动。

2. 小组活动"职业博览会"。

目的：了解现实社会上的职业种类及其要求。

（1）学生按6～8人分成一组，每组随意派发两张人物介绍卡（附件1）及求职宣传广告（附件2）。

（2）小组成员根据小组工作纸（附件3）的指示，分析人物介绍卡中主角的各项特质，并各自配对，选择一份适合他们的职业。

（3）每组有5分钟的时间分析、讨论及填写结果。

（4）完成小组工作纸后，老师邀请每个小组汇报配对的成果及解释配对的理论理据。

老师小结：

（1）在我们所处的社会中，有着多种多样的职业，它们都有不同的特征和工作要求。

（2）如果要从事某个职业，首先必须了解该职业的特征和对求职者的要求。

（3）了解不同职业的特征和要求，便于做好准备和规划。比如思考如何满足这些工作的要求，以便找到适合自己的发展方向。

教学工具：附件1，附件2，附件3。

3. 全班活动"理想职业"。

目的：帮助学生反思个人条件与理想职业选择的关系。

向每个学生派发工作纸"求职第一步"（附件4），给予学生4分钟时间填写工作纸。

情景模拟——我的第一次面试

老师邀请5位同学扮演"××中学"的校长、副校长、学科组长、年级级长、年级班主任,并作为面试官对面试者进行面试。请两位同学扮演面试者进行教师职业面试。其他同学作为观察员,在面试过程中保持安静。面试结束后,面试官给出面试录取结果。

老师分别提问求职者、面试官、观察员。

(1)在面试过程中,首先要注意什么,如果遇到自己不会回答的问题,该如何解决?

(2)作为面试官,你会对面试者有什么要求?当你觉得面试者与你的期望有差别时,你会怎么做?

(3)作为面试者,如何做才能让自己找到一份理想职业?

(4)很多时候,我们所想并不能一一满足,如果所想与现实发生矛盾,我们该如何选择?

老师小结:每个人所具备的条件是其选择职业的基础,理想职业的选择需要考虑多方面因素。有时候我们的所想所需和现实会存在差距,但我们依然可以提前做计划,向着自己理想的职业方向努力。

4. 总结。

了解不同职业的要求和工作性质,有助于学生为自己的未来定下方向,让学生可以更有目的地规划自己的人生。

5. 学生自我反思。

老师在课堂结束前,为学生派发"反思题",让学生思考片刻并填写"反思题"。老师对本节课进行最后点评。

【板书设计】

理想职业

1. 自我认知。

2. 职业探索。

3. 职业规划。